RENDEZ À CES ARBRES
CE QUI APPARTIENT À CES ARBRES

Catalogage avant publication de Bibliothèque et Archives nationales du Québec et Bibliothèque et Archives Canada

Diouf, Boucar

Rendez à ces arbres ce qui appartient à ces arbres

ISBN 978-2-89705-424-3

I. Titre.

PS8607.I68R46 2015   C848'.6   C2015-941219-6

PS9607.I68R46 2015

Présidente : Caroline Jamet
Directeur de l'édition : Éric Fourlanty
Directrice de la commercialisation : Sandrine Donkers
Responsable, gestion de la production : Carla Menza
Communications : Marie-Pierre Hamel

Éditeur délégué : Yves Bellefleur
Conception graphique : Célia Provencher-Galarneau
Photographies : Caroline Roy et Ibra Thiam
Illustrations : Philippe Béha
Révision linguistique : Michèle Jean
Correction d'épreuves : Laurie Vanhoorne
Photo de l'auteur en couverture : Jean-François Bérubé

L'éditeur bénéficie du soutien de la Société de développement des entreprises culturelles du Québec (SODEC) pour son programme d'édition et pour ses activités de promotion.

L'éditeur remercie le gouvernement du Québec de l'aide financière accordée à l'édition de cet ouvrage par l'entremise du Programme de crédit d'impôt pour l'édition de livres, administré par la SODEC.

Nous remercions le Conseil des arts du Canada de l'aide accordée à notre programme de publication.

Financé par le gouvernement du Canada
Funded by the Government of Canada

LES ÉDITIONS **LA PRESSE**
Les Éditions La Presse
7, rue Saint-Jacques
Montréal (Québec)
H2Y 1K9

Boucar Diouf

RENDEZ À CES ARBRES
CE QUI APPARTIENT À CES ARBRES

LES ÉDITIONS **LA PRESSE**

Le petit Anthony, fils de Boucar Diouf et de Caroline Roy,
au pays de son père

TABLE DES MATIÈRES

Ceux qui reposent sous le baobab sans distinction de confession.

L'arbre sacré de Mar-Lodj

PRÉFACE

Une vision boucarienne de la nature

La maman de Boucar s'inquiétait du fait que son fils voyait des choses que le commun des mortels ne remarquait pas. Eh bien !, ce livre est la preuve qu'elle avait raison ! Boucar perçoit la connexion intime que nous entretenons avec l'arbre, que très peu parmi nous peuvent se targuer d'avoir ou de comprendre.

J'ai lu plusieurs livres qui vulgarisent le monde fascinant des arbres, mais aucun ne le fait avec la finesse et la sensibilité propres à notre Boucar national. Boucar voit dans l'arbre un reflet de notre humanité, un être qu'il faut apprivoiser afin de mieux apprendre à se connaître soi-même. Qui d'autre que lui peut nous parler de phénomènes intensément scientifiques comme si nous parlions de notre grand-mère ? Qui d'autre que lui peut nous expliquer un pan entier de sa vie en dialoguant avec un baobab ?

Ce petit bouquin est rempli de connaissances scientifiques poussées, de sagesses africaines, de sensibilités humaines, de drôleries à la Boucar et de québécitudes. Ce livre parle des bons et des mauvais microbes, de la capacité qu'ont les arbres à communiquer et s'entraider, de cet amour intime qui unit la fourmi et l'acacia et du lien profond qui unit l'humain à cet être pas aussi statique que l'on y croit, l'arbre.

Ce bouquin est unique, car il nous réconcilie avec la nature à la façon particulière de Boucar : un mélange de savant, de conteur, de comique et de sage. Il s'inscrit donc parfaitement bien dans ce qu'il faut d'ores et déjà appeler « une vision boucarienne de la nature ».

Christian Messier

Christian Messier est professeur au Département des sciences biologiques de l'Université du Québec à Montréal depuis juin 1991 et membre du corps professoral du Département des sciences naturelles à l'Université du Québec en Outaouais depuis janvier 2013.

INTRODUCTION

Si j'ai choisi la biologie végétale comme domaine de spécialisation au deuxième cycle à l'Université de Dakar, au Sénégal, c'était aussi pour mieux m'approcher et percer le secret de mes amis végétaux. Le hasard m'a redirigé par la suite vers un doctorat en océanographie, mais j'ai continué à suivre l'actualité scientifique sur le monde des plantes et des arbres. Les nouvelles techniques d'étude de leur physiologie nous rapportent des découvertes à la fois fascinantes et poétiques. Ces trouvailles m'amènent parfois à me demander si les végétaux n'ont pas une sensibilité, voire une forme de conscience. Peut-être ces études, un jour, me donneront-elles raison quand je disais à mon père que les baobabs souffraient quand on arrachait leur écorce.

Une fois par année, on arrachait l'écorce des troncs de nos baobabs pour récolter la couche fibreuse qui se cachait en dessous et qui nous servait à fabriquer les cordages indispensables aux cultivateurs et éleveurs de zébus que nous étions. Cette pratique me rappelait un dépeçage et, en cela, elle me rebutait. D'autant qu'elle laissait une plaie béante sur les troncs devenus blancs, méconnaissables. Pour apaiser mon malaise, mon père m'assurait alors que les baobabs avaient une grande capacité de régénération. Mais, encore aujourd'hui, ça me dérange de les voir arborer ces cicatrices en forme de bourrelets provenant de ces mutilations d'autrefois.

Enfant, je me demandais souvent pourquoi les végétaux ne se défendaient pas plus violemment contre leurs agresseurs. Aujourd'hui, des explorations plus poussées de la physiologie végétale nous portent à croire que les arbres disposent de défenses chimiques dont les scientifiques commencent à peine à percer les pouvoirs destructeurs. En 1980, dans un enclos de l'Afrique du Sud où l'on expérimentait l'élevage du koudou, une forte mortalité, malgré la présence d'une quantité suffisante de nourriture, intrigua les scientifiques. Après avoir autopsié ces antilopes, les chercheurs ont remarqué qu'elles n'avaient pas digéré les feuilles d'acacia qu'elles avaient broutées. Une analyse plus poussée

« Encore aujourd'hui, les baobabs arborent des cicatrices en forme de bourrelets provenant de mutilations d'autrefois. »

révéla que les feuilles contenaient de fortes teneurs en tanins toxiques. Autrement dit, les acacias avaient tué les koudous. Maintenant qu'on connaissait l'arme, il restait à reconstituer la scène du crime pour élucider le mystère. En poussant les investigations, les chercheurs ont découvert que les acacias avaient développé un système de communication bien sophistiqué pour se protéger du broutage. Lorsqu'un individu était attaqué par les antilopes, il sécrétait de l'éthylène, un gaz volatil qui, une fois envoyé dans l'air, était rapidement capté par ses voisins à la faveur du vent. Ce signal leur disait de produire des tanins astringents et de les stocker dans les feuilles pour décourager les agresseurs qui étaient en route. Dans cet enclos où les feuilles d'acacia étaient la seule pitance pendant la saison sèche, les koudous n'ont pas résisté à la tentation de brouter les plantes « armées ».

Dans la nature, les antilopes, les girafes et même les chèvres semblent avoir compris ce phénomène bien avant les humains. C'est pour ça, pensent certains scientifiques, qu'elles broutent souvent face au vent pour propager les messagers volatils dans le sens opposé à leurs déplacements. Comme quoi entre un prédateur et sa proie, ou entre un parasite et son hôte, la course aux armements est sans fin. Cela me fait aussi penser que les acacias doivent déjà travailler au développement de nouvelles générations d'armes contre leurs brouteurs, qui se pensent plus intelligents en utilisant le vent en leur faveur.

Quand j'étais berger, j'aimais observer les chèvres mettre leurs pattes de devant sur les branches des acacias pour les courber vers le sol afin de mieux déguster leurs feuilles. Pourvus d'une dextérité labiale très poussée, les cabris sont capables de raser un jeune acacia sans se soucier des épines. Ces arbres pensaient être à l'abri des prédateurs en inventant des épines longues et pointues mais, un jour, ils ont découvert tristement que les lèvres des girafes, des antilopes et des chèvres se sont adaptées à leurs aiguillons qui ne les découragent plus. Avis aux végétariens : les plantes non plus n'aiment pas se faire manger !

J'étais un enfant possédé du monde des plantes. Et plus tard, à l'adolescence, je sentais une connexion si intense avec les arbres que ça inquiétait ma mère. Lorsqu'elle me surprenait à parler à un baobab ou à lui expliquer mes maigres connaissances sur la biologie, elle croyait que je conversais avec des esprits. Elle se demandait si je voyais des choses que le commun des mortels ne pouvait apercevoir. Un jour, alors qu'elle se tenait discrètement derrière moi pendant que je déclinais un texte au cheval blanc de mon père qui mâchouillait sous un grand baobab, elle s'était approchée et, posant la main sur mon épaule, elle m'avait dit : «Boucar, je commence à m'inquiéter. Est-ce que tu vois ce monde parallèle qui fait japper spontanément les chiens la nuit ?»

Cette habitude que les cabots ont de japper en fixant un point sans que les humains sachent pourquoi a toujours intrigué les gens de ma région ; ils y voyaient des manifestations d'esprits venus d'un autre monde. Ma mère disait qu'il suffisait de se frotter les yeux avec les crottes jaunâtres qu'on trouve souvent accrochées aux yeux des chiens pour basculer dans cette autre dimension. Évidemment, nos parents nous conseillaient de ne jamais expérimenter cette méthode qui permettait de nous brancher avec ce monde invisible. Ils nous parlaient de gens qui, un jour, avaient franchi cette ligne interdite et qui étaient devenus des loques humaines, incapables de fermer l'œil la nuit. Traumatisés par ce qu'ils voyaient, ils passaient leurs nuits à hurler, comme une meute de chiens.

Parce que je parlais souvent avec mes amis les baobabs, ma mère soupçonnait que je transgressais ce grand tabou. Si je le faisais, c'est que je les croyais dépositaires d'une grande sensibilité, voire d'une capacité d'écoute bienveillante. Je leur expliquais ce que j'avais appris dans les salles de classe, ce qui, du même coup, était une façon de consolider ma compréhension de certains sujets, et j'avais l'intime conviction qu'ils comprenaient mes « leçons ».

Après avoir longtemps parlé aux baobabs, j'ai aujourd'hui décidé de les écouter me raconter la vie et de transcrire leurs paroles à travers ce modeste bouquin. C'est ma façon de rendre à ces arbres ce qui appartient à ces arbres.

PREMIÈRE PARTIE

La vraie nature des arbres

C'est l'histoire d'un jeune homme qui se préparait à quitter son village pour un long voyage. Il s'appelait Boucar. Avant qu'il quitte sa savane natale, au Sénégal, son grand-papa l'invita à une petite promenade. Une fois à l'extérieur du village, le vieil homme sortit de sa poche un bout de bâton et demanda à son petit-fils de le casser, ce qu'il réussit sans aucune difficulté. Ensuite, le grand-père lui demanda combien ils étaient dans la famille, et le garçon répondit qu'il avait huit frères et sœurs. Le vieil Africain sortit aussitôt de sa poche neuf morceaux de bois d'acacia identiques au premier et demanda à nouveau à son petit-fils de casser ces bâtons. Quand il vit que, malgré toute la force déployée, le jeune n'arrivait pas à briser le paquet, le grand-papa le regarda dans les yeux et lui dit : « Où que tu puisses être sur la planète, mon garçon, souviens-toi que c'est ça une famille ! »

Ce bref conte initiatique, je l'ai raconté à tous les gens que j'ai côtoyés depuis mon arrivée dans ce pays de froid qu'est le Canada, il y a un quart de siècle. Bercé dans ma jeunesse par ces lointaines sagesses africaines tant imagées, je crois aujourd'hui que les humains sont génétiquement programmés pour s'émouvoir de la poésie des contes. Toutes les cultures qui ont baigné dans l'oralité restent sensibles à ces histoires qui touchent le cœur en passant par l'oreille ; à ces fables qui depuis la nuit des temps transportent et enseignent de pertinentes leçons de vie ; à ces récits qui faisaient dire à un autre vieillard africain que les contes n'étaient rien de moins que des histoires d'hier, racontées par les hommes d'aujourd'hui, pour les générations de demain. Il m'arrive d'ailleurs de penser qu'à l'adolescence, quand les jeunes commencent à se poser des questions existentielles, il faudrait leur rapporter ces histoires qui proposent de concises réponses à leurs questions avant de les initier à la philosophie qui, elle, réfléchit souvent sur des questions sans réponse précise.

Si je vous fais ce court plaidoyer sur la pertinence du conte, c'est que je voulais d'entrée de jeu vous raconter une histoire d'aujourd'hui, mais à la façon des anciens ; une fiction des temps nouveaux qui met en scène un arbre, un jeune chêne, et qui commence évidemment par cette formule universelle sortie des temps anciens...

« Je protège cet arbre contre tous ces gens qui ne savent pas ou qui ont la mémoire trop courte pour se souvenir de l'ampleur du travail et de l'énergie investis pour faire pousser chaque petit centimètre de ses ramures et radicelles. »

Le jeune chêne

Il était une fois une vieille dame qui aimait les chênes. Elle venait d'installer la grille de métal et le solide tuteur destinés à réconforter son jeune chêne pendant la longue traversée de la saison froide, un compagnonnage indispensable pour prémunir l'arbre contre les surprises climatiques, parfois impitoyables avec la flore, sans distinction d'espèces ou de genre. La dame se préparait donc à souhaiter une paisible hibernation à son protégé quand sa petite-fille, Julie, lui demanda pourquoi elle avait encore besoin de veiller sur ce jeune plant; à ses yeux, cet arbre était suffisamment grand pour résister tout seul aux intempéries hivernales. Pour lui servir une leçon à la façon des anciens, la grand-mère lui répondit : « Je ne protège pas cet arbre seulement de la neige qui tombe du ciel, je le renforce pour qu'il puisse résister à celle qui, à haute vitesse, lui arrive à la faveur du vent ou des souffleuses. Je le consolide aussi pour qu'il résiste aux autres aléas du climat global, de plus en plus imprévisible, même sous nos hivers. En fait, je le protège contre tous ces gens qui ne savent pas ou qui ont la mémoire trop courte pour se souvenir de l'ampleur du travail et de l'énergie investis pour faire pousser chaque petit centimètre de ses ramures et radicelles.

« Tu vois, Julie, poursuivit la grand-mère, cette bataille pour l'égalité entre les hommes et les femmes, que toi et bien des jeunes filles de ta génération trouvez dépassée, eh bien !, elle est à l'image de ce végétal. Le jour où cette parité des sexes sera une valeur planétaire, les femmes pourront, comme tu le souhaites, enterrer la hache de guerre et se parer de couronnes de laurier. Mais, en attendant cette date hypothétique, il faut rester alerte. Cet arbre de l'égalité des genres, que nous avons planté il y a quelques décennies, est exactement à l'image de ce jeune chêne : sa partie visible semble bien épanouie, mais ses racines ne sont pas aussi profondes que certains le pensent. Et il est bien connu, ma petite, que les arbres qui ont moins de racines que de branches sont souvent à la merci de ces grands vents qu'on croyait disparus, mais que l'intégrisme religieux ravive partout sur la planète. »

Des arbres bien élevés

Si les arbres volent souvent la vedette dans mes histoires, c'est que mon enfance foisonne de légendes
mettant en scène des baobabs et des acacias. Se
coucher sur le dos sous un grand arbre et regarder
en haut, enseignait mon grand-père, était une belle
façon pour un humain d'apprendre l'humilité. La
grandeur qui se dégage de ces sanctuaires vivants
rappelle inéluctablement à tout être humain la précarité de sa propre existence. Convaincu que nous,
les Sérères, devons notre existence aux acacias et
aux baobabs, mon aïeul prenait soin des plantules
de ces espèces comme on élève un enfant. S'il était
mon premier professeur de biologie végétale, ma
curiosité pour le monde des arbres a été renforcée
par mes années d'errance dans la savane, lorsque je
menais aux pâturages les animaux de mon père, un
éleveur de chèvres, de vaches et de zébus.

« Ma curiosité pour le monde des arbres a été renforcée par mes années d'errance dans la savane, lorsque je menais aux pâturages les animaux de mon père. »

J'ai toujours senti que les arbres nous cachaient leur véritable nature, qu'ils ne pouvaient être réduits au simple rôle d'individus statiques qui se côtoient dans une totale indifférence. Les guérisseurs traditionnels de ma région natale avaient l'habitude de dire que certaines plantes moins outillées pour trouver de l'eau pouvaient, pendant une partie de l'année, brancher leurs racines sur d'autres. Ils recommandaient, par exemple, à ceux qui veulent se soigner avec les racines du Nguer (*Guiera senegalensis*) de respecter un calendrier de prélèvement pour ne pas ramener des racines de la mauvaise plante à la maison.

Si cette possibilité semble scientifiquement improbable aujourd'hui, on sait que les racines de plantes de la même espèce sont capables, à l'abri du regard humain, de fusionner et de former un réseau de communication qui permet de partager de l'information et des nutriments. Deux arbres voisins de la même espèce présentent souvent cette fusion totale des tissus conducteurs racinaires, ce qui permet à la sève de passer d'un individu à l'autre. Usant de cette solidarité et de ces réseaux de partage, un arbre qui est plus proche d'une source d'eau, selon Annie Desrochers, de l'Université du Québec en Abitibi-Témiscamingue, peut en temps de sécheresse puiser le précieux liquide pour lui et pour ses voisins qui n'ont pas la même chance. Un individu devient, dit-elle, une sorte de pompe pour le bienfait de la communauté.

C'est un phénomène qui peut ressembler à la réalité de tous ces immigrants qui doivent se sacrifier au travail pour gagner de quoi nourrir toute la famille restée au pays. Un peu à l'image de cette forme de solidarité végétale induite par la répartition spéciale de l'eau, la majorité des bouches à nourrir de cette planète ne sont pas près des dépôts de pitances. C'est comme si la Terre était divisée en deux parties : il y a au nord les pays riches du G-20 et au sud les pays pauvres du G-Faim. Entre mortels sur cette minuscule planète bleue, nous avons sans doute bien des choses à apprendre des arbres en matière de solidarité. Se donner les mains un peu comme ces arbres se donnent les racines...

La solidarité végétale est si profonde que des scientifiques ont découvert qu'après l'abattage d'un membre par un bûcheron, il arrive, chez certaines espèces, que la famille s'active pendant une dizaine d'années pour tenter de sauver la souche en lui envoyant de la sève nourricière. La docteure Susan Dudley, une botaniste américaine, a découvert que les trèfles qui poussent à proximité de leur parenté ont un système racinaire moins développé que ceux qui poussent près de voisins inconnus. Comme la compétition est moins féroce dans la famille, un individu a ici le privilège d'investir son énergie préférentiellement dans le développement de son appareil reproducteur. On a même découvert que des vieux arbres pouvaient materner les plus jeunes, un peu comme les grands-parents avec leurs petits-enfants. Cette observation a été faite chez des pins de l'Oregon par Suzanne Simard, une écologiste canadienne. Cette exploratrice du monde souterrain des arbres a noté ce phénomène en donnant du carbone radioactif à un vieil arbre, un marquage qui permettait de suivre la progression de ce carbone dans la plante. À sa grande surprise, elle a remarqué que la plante avait partagé les sucres synthétisés à partir du carbone traçable avec les membres de sa famille environnante. Mais le transfert le plus substantiel avait lieu entre le vieil arbre et les plus jeunes. Comme quoi la grand-maman gâteau et la collaboration intergénérationnelle sont peut-être des inventions végétales.

« Le gigantesque tronc des baobabs est surtout constitué
de réserves d'eau pouvant contenir jusqu'à 120 000 litres
du précieux liquide. »

Arbres et éléphants : même combat

Fort de cette information, on peut donc penser que la disparition des grands arbres de la Terre pourrait avoir une conséquence dramatique dans les écosystèmes forestiers. Pourtant, ces géants de la création éprouvent de la difficulté un peu partout sur la planète, car, malheureusement, leur stature imposante n'attire pas seulement le regard curieux et respectueux des touristes et des amoureux de la nature, mais ils sont aussi des proies de prédilection pour l'industrie forestière. Or, selon les spécialistes, chacun de ces majestueux arbres abrite une diversité de vie végétale et animale qui s'écroule en même temps que le géant se couche.

Les grands et vieux arbres, tant désirés par l'industrie forestière, seraient un peu à la forêt ce que les matriarches sont au troupeau d'éléphants de la savane africaine. Les vieilles pachydermes sont celles qui savent où trouver de la nourriture et connaissent l'emplacement des points d'eau dans la brousse. Ce sont donc elles qui planifient les migrations de la famille. Et étant donné que ce sont elles qui arborent aussi les défenses les plus impressionnantes, elles sont les plus recherchées par les braconniers. Sauf qu'une matriarche qui meurt est parfois synonyme d'une condamnation à l'errance, voire à la mort, pour le reste de la famille.

Les baobabs sont des géants qui ont investi dans le tour de taille plutôt que dans la hauteur. Ils doivent surtout leur longévité à une absence totale de bois. Ces arbres sont non ligneux et ne présentent donc aucun intérêt pour les amateurs de bois exotique. Leur gigantesque tronc est surtout constitué de réserves d'eau pouvant contenir jusqu'à 120 000 litres du précieux liquide. Et quand je les regarde, j'ai toujours l'impression de voir une famille solidaire qui pratique le maternage des plus jeunes par les plus vieux, comme le décrit Suzanne Simard dans le cas des pins de l'Oregon.

Si la famille semble importante chez les plantes, on peut comprendre, comme le dit Christian Messier, professeur en écologie forestière à l'Université du Québec à Montréal, que la vie d'un arbre esseulé en ville ne soit pas très joyeuse. Quand ses racines cherchent des voisins et rencontrent des égouts, que sa cime essaie de trouver de la parenté et bute sur des immeubles ou des fils électriques, que les pigeons et les écureuils sont ses seuls amis, la vie ne peut être très belle. Heureusement, il y a toujours pour ces esseulés les chiens qui, la patte levée, les gratifient régulièrement d'un peu de suppléments d'urée et d'acide urique réconfortante.

La cache des Kouss

L'omniprésence des arbres dans mes histoires s'explique peut-être aussi par un cordon ombilical pérenne qui unit mon sang aux baobabs de mon enfance dans la savane africaine. Les histoires et les légendes de ces arbres plusieurs fois centenaires ont nourri mon imaginaire, et il me semble que leurs branches se prolongent en moi malgré des milliers de kilomètres de distance. Au cœur de ces souvenirs, il y a des lutins, appelés les Kouss, qui habitent dans les vieux baobabs. Dans la tradition de mon ethnie, les Sérères du Sénégal, le baobab et le tamarinier ont toujours été associés aux esprits. C'est un peu comme dans les croyances occidentales où l'olivier symbolise la paix, le chêne incarne la robustesse et le laurier marque la gloire.

Une légende raconte que l'arbre, qui ne se trouvait pas beau, s'était mis à se plaindre auprès de son créateur, une insatisfaction qui amena un jour la divinité de la savane à user d'une solution extrême pour lui fermer le clapet : il le vira de bord ! Depuis ce jour, le baobab semble tendre ses racines au ciel et arborer cette forme qui lui vaut le surnom d'arbre inversé ou d'arbre-bouteille. Et son « goulot » est l'entrée de la maison des Kouss qui peuplaient mes poèmes d'enfance.

Les Kouss habitent un monde parallèle, qu'on pense intimement lié aux baobabs, et ils ne se laissent découvrir ou apprivoiser que par des individus « choisis », disait mon grand-père. Les gens qui vivaient cette rencontre du troisième type héritaient toujours de legs particuliers. Certains revenaient avec des talents de lutteur et devenaient des superstars dans ce sport très populaire au Sénégal. D'autres accédaient à de redoutables aptitudes de chasseur, de guérisseur ou devenaient des experts dans les arts divinatoires.

En plus de détenir une grande sagesse, ces petits lutins, qu'on dit aussi invincibles à la lutte, sont reconnus comme étant très taquins. Enfants, nous trouvions parfois une tresse sur la crinière de Thiapo, notre cheval blanc. Mon père me racontait alors que c'étaient les Kouss qui lui organisaient cette coiffure pendant la nuit. Puis, papa mettait les enfants au défi de défaire la natte solidement entrelacée. Je passais des heures à délacer sans succès la décoration inextricable tricotée de leurs mains espiègles. Qui tressait la crinière de notre cheval blanc qui passait ses nuits sous les baobabs ? Qui défaisait aussi ses solides nattes qui, d'un jour à l'autre, disparaissaient sans laisser de traces ? Voilà des questions qui me trottent dans la tête depuis toujours et que mon esprit cartésien d'aujourd'hui n'arrive pas à résoudre.

La dernière demeure d'une feuille

Le cerveau humain est un accumulateur de nostalgies et, en vieillissant dans ce pays de froid qu'est le Québec, je rêve régulièrement à ces voisins invisibles que j'ai toujours voulu rencontrer. Parfois, après avoir raconté des histoires de dodo à mes deux enfants, je quitte le Québec dans les bras de Morphée et je retourne dans mon village. Peut-être ai-je commencé à ressentir ce que nos anciens pensaient être « l'appel du placenta », cette nostalgie qui pousse parfois les déplacés de la planète à vouloir passer leurs derniers jours sur la terre qui les a vus naître.

Dans mon ethnie, on enterrait souvent le placenta après la naissance du bébé. Je sais le mien enfoui profondément sous le lit de ma mère*. La tradition

---

* Dans les cases du village de mon enfance, les planchers étaient en terre battue.

veut que je garde un lien indestructible avec lui jusqu'à la fin de ma vie. En vieillissant, disent les anciens, ce reliquat de notre naissance nous appelle et nous demande de revenir à lui. C'est une attraction si forte qu'on disait que certaines personnes pouvaient, comme des zombies, marcher des centaines de kilomètres et, sitôt arrivées au lieu où est enseveli le placenta, elles rendaient l'âme.

Mon grand-père avait raison d'enseigner que la dernière demeure d'une feuille se trouve au pied de l'arbre qui l'a vue naître, car mes voyages nocturnes finissent toujours à l'ombre de Mpak Yaye. Mpak Yaye, littéralement « arbre de la mère » en langue sérère, est le plus vieil arbre de mon village. En fait, on a toujours appelé ce grand baobab « la Mère », car mon ancêtre lointain l'avait planté là pour sa maman. Et cet ancien cohabite aujourd'hui avec d'autres plants, plus ou moins jeunes, dans une véritable famille. Pendant mes rêves, je me vois confortablement installé sous le feuillage de « la Mère », adossé à son tronc, et j'attends chaque soir, en vain, qu'un Kouss me donne une tape sur l'épaule et m'invite dans son « monde invisible ».

La koussologie

J'ai toujours souhaité rencontrer ces petites créatures que mon père disait capables d'amadouer une vache en lactation et de lui faire sortir son lait. Pour les néophytes en élevage extensif de zébus, sachez qu'avant de traire ces vaches très rustiques, il faut une collaboration préalable du veau. Le rejeton doit commencer sa tétée afin de stimuler la sécrétion de l'ocytocine, qui favorise la contraction des glandes mammaires. Une fois cette hormone dans le sang de la génisse, le berger tasse le veau des pis de la mère et draine une partie du lait pour sa propre famille. Sans cette entourloupette, il est impossible de sortir une goutte de lait d'un zébu sauf, bien sûr, quand on est un grand ami des bovidés comme le sont les lutins qui habitent les troncs de baobabs.

Par une magie encore inconnue des humains, ces petits malins réussissent à contourner cet obstacle biologique qui impose une collaboration avec le veau. Mon père professait que les zébus accommodaient les Kouss de la sorte pour les remercier d'éloigner les hyènes de leur troupeau, une piraterie de produits lactés qui dérangeait parfois les bergers. Mais que pouvaient-ils faire contre ces experts de la magie pour qui berner un zébu devait être un jeu d'enfant ? Parfois, on arrivait dans notre troupeau tôt le matin et, malgré le travail des veaux pour appeler le lait, les pis des vaches restaient secs comme le désert du Sahara. Mon père disait alors que les lutins avaient monté la garde et bu le lait des animaux au petit matin pour se récompenser. Il ravalait ensuite sa déception en nous rappelant que tout travail méritait un salaire !

Entre l'exactitude scientifique et la poésie du mythe, il arrive que mon cœur s'incline du côté du rêve. Si je continue, à 50 ans, de vouloir encore rencontrer un Kouss, c'est pour lui demander ce qu'il pense de l'être humain, cet animal qui s'est approprié la biosphère et qui se trouve tellement intéressant, inventif et intelligent qu'il a cogité un classement du vivant en s'attribuant évidemment la place la plus prestigieuse, située au sommet de l'échelle de la clairvoyance. À propos de l'origine, du rôle et de la destinée de l'être humain, je rêve de confronter la sagesse initiatique, qui touche le cœur, aux investigations scientifiques, plus cérébrales.

Évidemment, les religions ont des réponses à ces questions existentielles, et je respecte tous ceux qui se satisfont de ces certitudes célestes. Je dois même avouer que je les trouve chanceux d'accéder à cet apaisement qui doit rendre la vie beaucoup plus simple. Ma profonde adhésion au darwinisme m'a toujours empêché d'être un bon croyant monothéiste, au grand désespoir de ma famille. Ma mère pense, à juste raison, que mon problème existentiel vient du fait que je me pose trop de questions. Pour accéder à la piété, il faut parfois arrêter de remettre les choses en question et, malheureusement, j'ai hérité d'un cerveau qui n'accepte pas les réponses sacrées et immuables.

Un vieux baobab évidé par le temps

La rencontre du troisième type
n'aura pas lieu

À défaut d'une rencontre du troisième type, je pro-
fite de chaque voyage au Sénégal pour retourner à
nos baobabs. Là, le dos contre le tronc de Mpak Yaye,
« la Mère », je ferme les yeux et je replonge dans mon
passé. J'y revois alors les troupeaux de zébus traver-
sant les pâturages et les paysans chantant en chœur
pour sublimer le dur labeur des champs. Mais il me
suffit de soulever une paupière pour réaliser rapidement que la savane n'est plus celle de mon enfance.
Elle est méconnaissable à cause d'une dégradation
extrême de l'environnement. Les oiseaux ont disparu
et la végétation, lépreuse et rabougrie, laisse parfois
croire que les Kouss ont migré vers des cieux plus
cléments. Même les baobabs, ces grands maîtres de
la résistance à la sécheresse, semblent aujourd'hui
tendre leurs branches vers le ciel pour implorer plus

de pluie dans une région brûlée et meurtrie par le soleil.

Je suis certain que la nostalgie et la tristesse habitent nos parents les baobabs. J'ai bien dit «nos parents» parce que je partage un lien de sang – ou de sève – avec ces arbres. Si le simple fait de les regarder me bouleverse, c'est parce que certains de mes ancêtres sont enterrés à côté de «la Mère», bien à portée de ses racines qui, sans aucun doute, ont incorporé leurs composantes de base dans sa sève. Ces arbres sont de ma famille et de ma génétique parce qu'ils portent en eux une partie du sang et de la chair des miens. Je sais aussi que ces paysans animistes, qui déifiaient tous les éléments de la création, sont contents de ce passage du règne animal au règne végétal, une forme de résurrection tout aussi efficace pour calmer cette angoisse existentielle devant la mort qui nous terrorise depuis la nuit des temps.

Quel est le véritable sens de cette promenade vers le précipice final que l'on appelle la vie? Voilà une grande question qui préoccupe l'humanité depuis toujours. L'être humain est l'une des rares espèces, sinon la seule, à avoir une conscience obsessionnelle de la mort qui arrive. D'ailleurs, certains évolutionnistes pensent que c'est à force de chercher des moyens de retarder

notre date de péremption que nous avons considéra-
blement développé nos capacités cognitives.

Outre la médecine et l'hygiène, nous avons inventé
une panoplie de technologies pour faire un pied de
nez aux éléments hostiles de la nature qui abrégeaient
l'espérance de vie de nos lointains ancêtres. Mais
dame Nature a pourtant répondu au début à cette
égoïste demande en nous expliquant : « Je ne veux pas
vous faire vivre continuellement. Investir de temps en
temps dans une petite voiture neuve est beaucoup
plus judicieux pour moi que de retaper la même vieille
carcasse pour l'éternité. L'écologie, je vous la laisse, car
faire du neuf avec du vieux, ce n'est pas ma tasse de
thé. Alors, vous devrez choisir entre le compostage,
le recyclage ou les deux en même temps. »

Donner, c'est redonner

La perspective que tout finisse un jour et que nous disparaissions nous tourmente, et chacun essaie de trouver du réconfort comme il le peut. Mais entre le rêve inaccessible d'immortalité proposé par la science et les promesses incertaines de vie éternelle des religions monothéistes, entre l'arbre de vie et celui de la connaissance du bien et du mal, pourquoi ne pas opter pour cette troisième voie en redonnant aux plantes vertes les composantes qu'elles nous avaient généreusement prêtées ? S'il est vrai, comme le disaient les anciens, que l'homme peut revivre par les enfants qu'il a éduqués, mais aussi par les arbres qu'il a plantés, je propose d'ajouter cette troisième possibilité qu'est la résurrection de l'homme par les arbres qui l'ont recyclé.

En plus de porter mes ancêtres en eux, les baobabs ont agrémenté nos plats de couscous et nourri nos bêtes en saison sèche grâce à leurs feuilles; leur pulpe nous donnait un jus très efficace contre les diarrhées et le paludisme; leurs graines contiennent une huile précieuse et délectable et les fibres de leur tronc nous servaient à tisser des cordages pour attacher nos zébus sur des pieux plantés dans nos champs fertilisés avec leur bouse. On peut presque dire de ces arbres qu'ils se sont nourris de nos ancêtres pour mieux assurer la survie de la descendance.

Des crânes humains sont encore visibles dans des baobabs
où les griots déposaient certains de leurs défunts.

La clairvoyance éternelle des griots

Les griots, cette caste de musiciens, d'historiens, de généalogistes et d'orateurs, avaient bien compris ce lien sacré entre les arbres et les humains, eux qui plaçaient leurs défunts directement dans le creux des troncs de baobabs évidés par le temps. Ce rite funéraire, disparu de ma région depuis les années 1950, s'expliquait en partie par le fait que dans nos croyances traditionnelles, enterrer certains griots pouvait engendrer une sécheresse ou provoquer une saison des pluies écourtée. Les ossements de ces raconteurs d'histoires étaient encore visibles dans les troncs de certains baobabs qui leur servaient de sépulture.

Aujourd'hui, bien des adeptes des rites funéraires monothéistes trouvent que cette pratique était sauvage et que les griots méritaient aussi d'être inhumés. Pourtant, que l'on termine notre parcours dans le sol ou dans un baobab, un corps humain finira toujours composté par les vers et les micro-organismes avant d'être recyclé par les végétaux. Au-delà des apparences, cette pratique d'un autre temps simulait aussi un retour dans l'utérus, marquant ainsi la réincarnation d'une partie de l'âme du défunt dans sa famille. La mort a tradition-nellement été considérée comme une étape de la vie comparable au séjour de la semence dans une terre fertile.

C'est cette façon d'incorporer le recyclage de la matière dans toute leur vie et leur spiritualité qui faisait la force de la tradition animiste de mes an-cêtres, eux qui croyaient en une vie circulaire et jalonnée de trois naissances. Quand un bébé sortait du ventre de sa mère, il vivait sa première naissance. Sa deuxième naissance était consacrée après l'ini-tiation, qui faisait mourir les adolescents dans leur corps d'enfant pour les ressusciter dans leur corps d'adulte. La mort devait marquer cette troisième naissance, que les griots célébraient au premier degré en déposant leurs défunts dans le tronc évidé d'un baobab, semblable à un utérus.

Le drame dans tout cela est que la modernité, par ignorance ou par mépris, a fini par mettre aux oubliettes ces célébrations qui étaient d'une grande profondeur et d'une incontestable véracité, même quand on les étudie sous un angle purement scientifique. Un corps humain contient deux lignées de cellules différentiées qui sont les cellules germinales et les cellules somatiques. Les cellules germinales représentent la lignée sexuelle, dont les spermatozoïdes et les ovules, et le reste du corps est constitué des cellules somatiques, qui sont une sorte d'enveloppe de protection des cellules reproductrices.

Si la nature pouvait parler, elle dirait certainement que nos ancêtres avaient raison, car ce corps que nous chérissons tant n'est que l'emballage le plus élaboré qu'elle a inventé pour transporter ce qui est immortel en nous : les spermatozoïdes et les ovules. Chaque fois qu'un spermatozoïde rencontre un ovule et que la grossesse est menée à terme, une partie des concepteurs passe à une autre génération. Ainsi, chaque nuit d'amour est une occasion d'immortaliser tous les actionnaires de notre génétique, dont nos propres parents et grands-parents, mais aussi toute la création depuis les bactéries jusqu'aux baleines.

« Si le simple fait de regarder les baobabs me bouleverse, c'est
parce que certains de mes ancêtres sont enterrés à côté de *la Mère*,
bien à portée de ses racines qui, sans aucun doute, ont incorporé
leurs composantes de base dans sa sève. »

Planter son urne

Ces nouvelles pratiques funéraires, qui consistent à enfermer les cendres du défunt dans une urne et à les séquestrer sur une étagère, sont une injustice faite aux plantes vertes et à la création en général. C'est un comportement qu'on pourrait comparer à un défaut de remboursement de dette. Cette nécessité de rendre à ces arbres ce qui appartient à ces arbres a été bien comprise par une compagnie d'urnes funéraires espagnole qui propose un vase biodégradable à base de fibres végétales. Il suffit de placer les cendres du défunt dans cette urne contenant déjà une graine végétale de son choix et d'arroser le tout pour le voir revenir dans un arbre qui pourra encore vivre 200 ou 300 ans. Si le baobab fait partie des choix offerts, le mort peut espérer symboliquement, comme mes ancêtres, traverser un autre millénaire.

Je souhaite qu'un jour cette idée de génie venue d'Espagne suscite l'adhésion de mes compatriotes québécois. On pourrait alors avoir des érablières comme cimetière familial, ce qui est beaucoup plus joli et écologique que les amoncellements chaotiques de pierres tombales de nos cimetières traditionnels. En plus, le choix des arbres comme dernier repos permettrait de contourner ce cloisonnement qu'on retrouve dans nos nécropoles. Les juifs, les musulmans et les chrétiens ne veulent pas se mélanger, même après la mort. Voilà une perpétuation post-mortem d'une triste, regrettable et injustifiable exclusion mutuelle. Des gens qui se réclament du même ancêtre qu'est Abraham, mais qui ne peuvent même pas se piffer dans la terre... Des morts censés cheminer vers le même Dieu, mais qui refusent de progresser ensemble pour rendre le chemin plus agréable...

Cette discrimination souterraine serait impossible à réaliser avec des arbres comme tombeaux, car leurs systèmes racinaires respectent rarement les clôtures, virtuelles ou réelles. Les arbres franchiraient les frontières dans les cimetières et fraterniseraient avec leurs congénères ayant incorporé dans leur sève des défunts de religion juive, chrétienne, musulmane ou de toute autre spiritualité. Si l'incinération n'est pas envisageable, rien n'empêche d'envoyer le corps dans la terre avant de planter un arbre au bon endroit et de laisser le temps et la croissance de l'arbrisseau assurer le transfert de matière. Dans nos cimetières d'aujourd'hui, on trouve heureusement quelques arbres qui doivent certainement expérimenter cette solidarité interconfessionnelle racinaire.

L'arbre de la tolérance

Dans ma région natale de Fatick, au Sénégal, il y a un village insulaire qui s'appelle Mar-Lodj où on trouve un arbre bien spécial. Il s'agit d'un mélange entre un pied de rônier (*Borassus aethiopium*), un caïlcédrat (*Khaya senegalensis*) et un fromager (*Ceiba pentandra*). Il s'agit là d'une cohabitation interspécifique interprétée par les villageois comme un message envoyé par le Grand Dieu, appelé en sérère Roog Sène. Traditionnellement, l'arbre sacré de Mar-Lodj est considéré comme une représentation de la tolérance et de la fraternité entre les trois religions qui coexistent sur l'île. En plus de servir parfois de lieu de sacrifice pour les animistes, il se trouve tout près de l'église et rien n'empêche un musulman de se courber à son ombre pour honorer un des piliers de l'islam. Cette tolérance mutuelle est si ancrée dans le village qu'on y entend parfois

« Ces trois arbres se sont enlacés et ont catalysé une grande harmonie et une coexistence pacifique dans la communauté de Mar-Lodj. »

des gens formuler le souhait d'avoir des rituels syncrétiques mélangeant les pratiques funéraires des trois religions. Voilà comment trois arbres qui se sont enlacés ont catalysé une grande harmonie et une coexistence pacifique dans cette communauté.

Entre le monde souterrain et le monde aérien, il y a toujours eu les arbres. C'est peut-être pour cette raison que nous les avons toujours adoptés comme le symbole de la généalogie. Ils font le lien entre les ancêtres reposant au milieu de leurs racines et les vivants qui visitent leurs branches et se sustentent des produits de leur travail.

Pendant que le paysan pleure son âne agonisant, les vautours dansent dans le ciel et les microbes du sol se préparent à cuisiner pour les plantes vertes. Les âmes nourrissent les âmes et la matière revient ultimement aux végétaux chlorophylliens. Telle devrait rester la loi fondamentale des chaînes alimentaires, dont l'humain n'est qu'un maillon qui surestime faussement la valeur de son corps. Soyons humbles : lorsque déshydraté, un corps humain de 70 kilogrammes n'en pèse pas plus que 25. Les atomes de carbone, d'oxygène, d'hydrogène et d'azote représentent 96 % du poids corporel sec. Selon un physiologiste français qui s'est amusé à résoudre cette équation, si on évalue le prix de ce même individu à partir de sa matière première, il ne vaut pas plus de 500 dollars dans les catalogues de vente des produits chimiques. Bref, fort de cette information, on peut dire sans risque de se tromper que Bill Gates ne vaut pas plus qu'un berger, qu'un chauffeur de taxi ou que ces griots de ma savane qui se faisaient enterrer autrefois dans les troncs évidés des baobabs.

DEUXIÈME PARTIE

La mémoire de Mpak Yaye

On m'a toujours enseigné qu'il fallait respecter les plus vieux. Et s'il y a de vrais anciens dans ma région natale du Sénégal, ce sont les baobabs. Il faut dire qu'en matière de longévité, une vie humaine est assez brève comparativement à l'âge affiché de certaines plantes. En Suède, par exemple, on a trouvé un groupe d'épicéas dont un pourrait avoir l'âge respectable de 9 550 années, une plante qui était donc bien enracinée sur la Terre aux premières heures de l'agriculture et de la domestication d'animaux par les civilisations du néolithique dans le Croissant fertile. Des végétaux encore vivants, témoins de notre longue histoire, on en trouve un peu partout sur la planète. En Tasmanie, on a découvert un groupe de pins Huon âgés de 10 500 ans. Toutefois, le record de longévité semble être détenu par une colonie végétale américaine baptisée Pando, des peupliers faux-trembles trouvés en Utah, dont les individus proviendraient tous d'une même plante mère et qui serait âgée de 80 000 ans. Ces arbres seraient capables de nous raconter la période de coexistence entre l'*Homo sapiens* et l'homme de Néandertal. Si ces fossiles vivants pouvaient parler, l'histoire de la création serait peut-être à réécrire.

Si Mpak Yaye, notre baobab baptisé « la Mère », pouvait aussi ouvrir son coffret de souvenirs, cet arbre aurait bien des choses à dire. Je l'ai toujours vu comme un être omniscient qui a appris beaucoup du vent et de la mémoire des molécules d'eau qui l'irriguent et qui proviennent des quatre coins de la planète. Je soupçonne cet arbre de connaître les secrets de la création beaucoup plus qu'un simple scientifique de la nature. Chaque fois que j'ai le dos contre le tronc de « la Mère », je l'imagine me raconter la vie, comme le faisaient les grands griots de mon village que ces monuments de la savane ont intégrés dans leurs branches et dont l'art de parler doit maintenant circuler dans leur sève. Le dos accolé à « la Mère », il m'arrive parfois de l'entendre me dire :

« Mon cher Boucar, je suis très contente de te voir après toutes ces années passées loin du pays. Si tu reviens souvent ici dans tes rêves, c'est parce que la vie est une promenade où l'on accumule des nostalgies. Et personne n'échappe à cette fatalité. Même nous, les baobabs, connaissons aujourd'hui une grande tristesse. Tous les vieux arbres qui vivaient sur cette Terre ne sont plus que de lointains souvenirs dans ma mémoire. Je m'ennuie de ces disparus, mais aussi de toute ta famille qui autrefois arpentait ces champs et y riait. Ton père a préféré vous envoyer à l'école pour vous donner la chance d'emprunter un chemin autre que les métiers de la terre. Aujourd'hui, tous ses enfants ont délaissé les champs, et pour la première fois dans l'histoire de ce bout de savane, la solitude a cheminé jusqu'à nos racines.

« Je me souviens de l'époque où ton père analphabète vous répétait souvent que les illettrés étaient les aveugles des temps modernes et qu'il ne voulait pas voir, de son vivant, son fils ou sa fille souffrir de son handicap. Pour vous convaincre de faire des études, à partir de l'âge de sept ans, il vous faisait trimer si fort dans ces champs d'arachides que l'ouverture des classes vous apparaissait toujours comme le retour des grandes vacances. Celui qui veut améliorer son sort, avait-il l'habitude de raconter, doit soulever la poussière avec ses pieds au lieu de la garder collée à son derrière. Ton père a réussi à faire de cette brousse un centre d'entraînement familial pour les salles de classe !

« Aujourd'hui, on peut dire que sa méthode de motivation scolaire était très efficace. Tenaillée entre la culture des arachides et l'élevage des zébus, la famille s'est accrochée à l'école comme on s'agrippe à une bouée de sauvetage. Tous les enfants ont quitté les champs et se sont éloignés de la ruralité et de la terre. Sauf toi, Boucar. Je suis en effet certaine que si tu as choisi les sciences de la nature, c'est pour continuer à explorer d'une autre façon cette création qui t'a toujours émerveillé.

« Enfant, tu venais souvent à mon ombre après avoir été grondé par ton papa. Je t'entendais alors te demander si ton père vous aimait autant que les zébus, qui étaient au centre de sa vie. Comme tous les hommes de sa génération, ton papa ne savait pas comment s'investir dans le développement affectif d'un gamin. Il était là pour la famille, mais rarement avec la famille, parce qu'occupé continuellement à vous chercher de quoi manger. Il fait partie de ces papas qui aiment dans le silence et éduquent par l'exemple ; ces papas dont les émotions s'expriment souvent par des malaises ; ces papas qui perdent leurs moyens quand leurs enfants essaient de les serrer dans leurs bras ; ces papas qui n'ont pas besoin de dire *je t'aime* pour qu'on le sache. Ton père fait partie de ces papas dont le silence est plus audible que la parole.

« Permets-moi également de te dire que ton père était un travailleur acharné. Il aimait bien rappeler qu'un vrai paysan ne doit pas voir les poules ; qu'il doit se lever avant le chant du coq pour rejoindre les champs et ne revenir à la maison que lorsque les volatiles somnolent dans les poulaillers. Et quand il n'était pas aux champs, son plus grand plaisir était de suivre son troupeau dans les pâturages. Malheureusement, à 75 ans, une bactérie dite mangeuse de chair l'a privé de son pied droit. Pour sublimer son sort, il aime bien raconter en riant que pour un inconditionnel des bovidés comme lui, finir sa vie avec un sabot est peut-être une bénédiction céleste. Savais-tu qu'il revient souvent clopiner à mon ombre ? Personne ne connaît mieux ton père que nous, les baobabs.

« En fait, nous connaissons les humains beaucoup plus que vous l'imaginez. Pour cause, quand venait le temps de régler une dispute ou de discuter des règles de fonctionnement de la communauté, c'est sous les arbres à palabres que tout le monde était convié. Nous, les baobabs et les fromagers, entendons vos secrets plus que quiconque, car nous avons long-temps commandé le silence aux oiseaux dans nos feuillages pour mieux écouter vos préoccupations.

« Ah ! Boucar, mon fils, les temps ont bien changé. J'ai vu ton arrière-grand-père arriver ici à pied, ton père en charrette, tes frères en voiture et toi, tu reviens au pays en avion pour respirer les odeurs de ton enfance et consoler ton âme que ton grand-père disait venir d'un passé très lointain. Tu me permet-tras, Boucar, de t'appeler mon fils, parce qu'au-delà de tes ancêtres, que tu sais très bien vivre en moi, je t'ai vu grandir. Même que j'ai souvent espionné tes conversations avec les vaches, auxquelles tu confiais tes secrets d'enfance.

« Tu as aussi toujours choisi mon ombre pour explo-rer ce monde de la biologie qui te fascine. Même quand tu étais à l'université, tu revenais souvent sous mon feuillage pour te plonger dans tes livres. Et pour consolider le savoir appris, tu reformulais certaines phrases à haute voix au cheval blanc qui ruminait jadis dans ces baobabs. Tu as toujours eu besoin de raconter aux animaux et aux plantes ce qui t'habitait, mon fils. Même que je réalise aujourd'hui que l'humoriste que tu es devenu a sans doute fait ses premières classes juste ici, devant

Mpak Yaye, « la Mère »

moi et un public de vaches – qui, il faut le dire, riaient rarement de tes histoires !

« Par ta bouche ou avec tes livres, j'ai appris que la sagesse n'avait pas d'âge et que la mémoire pouvait s'inscrire sur le bois – et je ne parle pas ici des cernes concentriques qui témoignent du rythme de croissance de certains ligneux. Tu m'as fait comprendre que le savoir pouvait s'inscrire sur des feuilles de papier, fabriquées à partir de cette chair végétale que vous appelez du bois. Ce savoir que tu m'as amené circule encore en moi, de mes racines profondes au bout de mes feuilles.

« Tu as passé toute ta vie à lire des livres et à essayer de décrypter ce que ton patient grand-père savait sans jamais avoir senti le besoin de le prouver. Toute science désireuse de s'inscrire dans la durabilité, la fiabilité et l'humanité doit parfois s'affranchir du chronomètre et des contraintes mercantiles, car c'est souvent aux passionnés qui cherchent sans objectif précis que la nature réserve les plus grandes découvertes. Ton grand-père était un chercheur qui voulait comprendre le sens de la vie ; dans ton cas, Boucar, il m'arrive de penser que tu *te* cherches beaucoup plus que tu cherches la vérité. La science ne pourra jamais t'enseigner le sens de la vie, mon fils.

«Je sais depuis longtemps que tu reviens sur cette terre conjurer ce cauchemar qui te hante depuis tes 14 ans, ce jour où tu as trouvé ton ami Simo accroché à une branche du vieux manguier qui fleurissait jadis ici. J'ai toujours senti ton cœur emprisonné dans cette triste histoire. Maintenant que tu as des enfants, mon fils, tu dois savoir que les leçons apprises dans la douleur ne s'oublient jamais et qu'il y a des limites au poids de l'existence qu'un individu peut transporter sur son dos. Ton ami Simo jouait au berger avec vous, mais il ressemblait surtout à un agneau sacrifié, lui qui avait toutes les misères du monde à suivre le troupeau. C'est pour ça qu'un jour, au lieu de s'accrocher à la vie, Simo a décidé de s'accrocher à la branche de ce vieux manguier qui vous servait de terrain de jeu. Et Simo s'est balancé, la corde bien serrée autour du cou, autour de tous les coups, salauds et sournois, qu'il a voulu étouffer pour de bon, son grand cri resté coincé dans sa gorge nouée, silencieuse.

«Il n'était pas le premier de sa lignée à se balancer au bout d'une corde. Il y a en effet, mon fils, des malédictions qui sont difficiles à arrêter, de lourds et encombrants bagages de la vie que les parents doivent élaguer pour alléger l'existence de leurs enfants. Encore faut-il qu'ils acceptent d'ouvrir cette grosse valise qu'ils traînent et qu'ils puissent y reconnaître les indésirables héritages. Encore faut-il qu'ils demandent de l'aide pour mieux les identifier. Depuis trois générations, j'ai vu la famille de ce malheureux garçon se transmettre, comme dans une course à relais, le témoin d'une violence endémique, un douloureux destin qui a fini par avoir raison du désir de respirer de Simo, dont le sourire était devenu une ostensible façon de pleurer.

« J'ai encore bien vivant en moi le jour où tu l'as trouvé suspendu à ce manguier, une malédiction que son père a tenté de conjurer en coupant la branche du manguier. Quelques mois plus tard, rongé par la culpabilité, il décida d'abattre l'arbre qu'il tenait responsable du drame. S'ils ne sont pas soutenus par un tuteur, certains arbrisseaux ont tendance à pousser de manière tordue, mais à force de serrer la corde qui unit le tuteur à l'arbrisseau, il arrive qu'on étouffe dramatiquement la circulation de la sève dans la plantule que l'on veut redresser.

« Après sa mort, pendant que son paternel maudissait le manguier, bien des gens du village ont pointé sa mère du doigt. Cette pauvre femme était en fait plus victime que coupable. As-tu déjà vu, mon fils, une femme qu'un mari contrôlant réussit à briser à force de lui dire qu'elle ne peut pas survivre sans lui, qu'elle a besoin de son argent pour manger et qu'elle n'est plus assez belle pour séduire un autre homme ? As-tu déjà vu, mon fils, une femme fière et ambitieuse qui tombe lentement dans la passivité et qui finit par se convaincre que son sort passe inéluctablement par le bon vouloir de l'autre ?

« Sa confiance et son identité profonde ébranlées, elle se met alors à se négliger, vaincue par le cynisme et le manque de sensibilité de ce partenaire qui ne rate pas une occasion de lui rappeler son essentialité dans sa vie. Dans une telle mauvaise histoire d'amour, la belle finit souvent par mourir pour ensuite renaître dans un semblant de vie, une existence par procuration qui suit interminablement son cours. Elle se pare alors d'un sourire, toujours bien apparent, mais au fond, elle s'automutile, honteuse d'avoir laissé la peur devenir maître de son destin. C'est ce que la mère de ce garçon était devenue.

« Si tu tues un jeune singe, disaient les anciens, tu as aussi tué sa mère. Après la mort de son fils, je l'ai souvent vu errer sans vie à l'endroit où jadis trônait le vieux manguier. Il y a des humains comme la mère de Simo, morts depuis longtemps, que je vois dans cette brousse ; ils ramassent du bois, cultivent la terre et puisent de l'eau. Ce sont des morts-vivants, comme cette femme qui a été enterrée dix ans après le suicide de son fils, mais dont l'essence vitale s'était envolée en même temps que le souffle de son garçon. Elle ne s'est jamais pardonné d'avoir manqué de courage, de se dresser entre le garçon et le fouet de son père.

« La violence a toujours été le chemin le plus facile pour contrôler les enfants. *Vous m'obéissez, parce que je suis plus fort que vous!* Mais cela ne fait que masquer les défauts de celui qu'on veut éduquer. N'oublie jamais, mon fils, que le papa qui élève ses enfants dans la peur vit un grave malheur : celui de ne pas connaître la véritable nature de sa descendance. Toutes manifestations d'amour et de complicité de la progéniture devant ce dictateur ne sont que pure mise en scène pour éviter de recevoir des coups. J'ai souvent répété cette leçon à ton père.

« Le vieux manguier n'est plus, et pour les baobabs, les nouvelles ne sont pas très bonnes, mon fils. Nos parties visibles ont beau sembler en santé, nos racines ne sont plus aussi profondes et solides qu'autrefois. En vérité, nous sommes à l'image de cette société sérère qui se meurt. Les tiens gagneraient à se remémorer qu'une société est comparable à un baobab. Nous plongeons nos racines profondément dans la terre où reposent vos aïeuls, nos troncs noueux et majestueux symbolisent vos vieillards, et chacune de nos branches prépare dans ses bourgeons naissants la nouvelle génération qui continuera à perpétuer les traditions léguées par les ancêtres. Lorsque notre sève arrête de circuler des racines aux bourgeons, un baobab est condamné à mourir ; c'est ce qui arrive à un peuple qui a perdu ses traditions et sa culture.

« La modernité a amené les enfants de ce pays à mépriser ce qui faisait la fierté de leurs ancêtres pour chanter les louanges des connaissances et certitudes venues d'ailleurs. Voici arrivé le temps que les sorciers prédisaient : cette époque où les enfants braquent leur regard vers le futur et où la vieillesse scrute le passé. Les ancêtres, eux, célébraient le présent. C'est quand je t'ai vu arriver il y a quelques années avec ton fils mulâtre et ta femme qui est blanche comme la pulpe de mes fruits que j'ai compris que la vie pouvait réserver des surprises à celui à qui la nature a accordé une longévité. Je me demande si tes ancêtres reconnaîtraient leur sang dans ce grand et beau garçon dont tu cherches parfois la véritable appartenance identitaire à cause de ton attachement profond à ton passé. Mais je dois te dire qu'entre tes racines africaines et ton feuillage québécois se dresse maintenant un tronc sénégalais sérère de baobab recomposé.

Anthony et Joellie avec leur maman, Caroline Roy

Joellie avec son papa, Boucar Diouf

« Si tu te demandes encore si tes fruits tiennent plus de tes racines que de tes branches, permets-moi de dire que même si les arbres sont généalogiques, les identités ne peuvent en aucun cas s'accrocher éternellement aux racines. N'as-tu pas remarqué, mon fils, que les arbres se définissent davantage par leurs fruits que par leurs radicelles ? Un manguier produit des mangues et un bananier, des bananes. Tes racines seront toujours africaines, mon fils, mais tes fruits ont poussé au Québec. Leur contenu juteux tient davantage de cette terre qui t'a accueilli et adopté que de cette savane qui t'a vu pousser.

« S'il y a autant de problèmes dans vos pays d'immigration, c'est qu'en plus du culte des racines, vous portez aussi beaucoup trop d'importance aux souches. Quand une société commence à s'accrocher aux restes d'un arbre rompu, l'agonie n'est pas trop loin. Oui, mon fils, les souches et les racines sont importantes, mais pas plus que les graines. Avec mes graines, tu pourrais faire pousser un petit baobab presque semblable à moi dans ton pays de froid, une prouesse que tu ne pourrais réaliser naturellement avec mes racines ou ma souche.

« L'arachide, la plante que vous cultivez sur cette terre depuis des générations, n'est pas africaine. Originaire de l'Amérique du Sud, elle a été introduite ici par les esclavagistes venus chercher la main-d'œuvre noire pour exploiter les terres du Nouveau Monde. Les commerçants immoraux voyaient dans ses grains, gras et protéinés, la nourriture idéale pour sustenter les captifs dans les caravelles pendant la longue traversée vers les Amériques. J'ai vu cette plante aux premières heures de son acclimatation sur ces terres. C'était il y a très longtemps. Aujourd'hui, l'arachide est africaine, un peu comme la descendance des esclaves d'autrefois est antillaise ou américaine. Évidemment, cette plante a encore un lien avec son Amérique natale. Si un jour les variétés inféodées à nos terres venaient à éprouver des difficultés, il faudrait retourner aux ancêtres sauvages pour se faire de nouveaux cultivars. De savoir ces racines existantes permet aux producteurs d'envisager l'avenir de l'arachide avec une certaine confiance.

« Si on me demande à quoi nous servent nos racines, je répondrai qu'elles nous nourrissent, mais aussi qu'elles facilitent notre adaptation aux conditions difficiles. Quand le manque d'eau se fait sentir, il arrive qu'on augmente notre surface racinaire ou qu'on les envoie plus en profondeur pour optimiser notre approvisionnement en eau. Cela me fait penser à toi qui reviens souvent sur les traces des ancêtres pour trouver une sérénité qui te fait envisager l'avenir avec confiance.

« Vos pays d'immigration, où se côtoient des gens d'origines diverses, gagneraient à savoir que les racines ont toujours été pour les arbres des sources de confrontation entre espèces différentes. Mais, pendant que nos racines se chamaillent dans le sol, il arrive que nos feuillages, nos branches et nos fruits se touchent, s'entremêlent et s'embrassent dans les hauteurs. C'est peut-être le signe annonciateur d'un début d'harmonie dans une société multiculturelle.

« Le clivage entre la famille proche et les étrangers est une loi presque sacrée du monde vivant. Avec du temps, de la patience et beaucoup d'amour, une plante peut se *réenraciner* et s'épanouir dans un nouveau pays. Il arrive même qu'elle acquière de nouvelles particularités, du moins lorsque son extraction de sa terre d'origine s'est effectuée dans les règles de l'art. Si je te parle de voyage, mon fils, c'est parce que nous, les arbres, connaissons aussi les pérégrinations. Les légendes de ce pays sont remplies de végétaux qui se déplacent ou prennent la poudre d'escampette pour échapper à l'adversité. Une fable raconte que dans un village de la région est apparu miraculeusement un fromager. Cet arbre avait probablement migré d'une région lointaine pendant la nuit. Mal à l'aise devant cet esprit végétal, le chef de village demanda au patron de la caste des bûcherons et sculpteurs de bois, appelés les *laobés*, de le couper. Le lendemain, quand le bûcheron planta sa hache dans le tronc de l'arbre, il ne réussit pas à la retirer. Une force invisible avait agrippé l'instrument, indélogeable du tronc.

« Dans toute la région, les histoires de grands arbres qui ont migré vers d'autres cieux pour éviter de se faire abattre par des bûcherons abondent. Des contes remontent à l'époque où les baobabs étaient doués de parole et de mouvement et pouvaient même parfois disparaître complètement dans la terre. Mais, au-delà de ces histoires plus poétiques que réalistes, il existe, mon fils, de véritables mouvements associés aux végétaux pour celui qui sait bien observer. Les plantes sont capables de se déplacer; il suffit d'ouvrir grands les yeux pour s'en rendre compte. Des feuilles qui réagissent au toucher, des lianes qui épousent la forme de leur tuteur et des fleurs qui savent s'orienter vers le soleil sont toutes des formes de mouvement.

« Là où l'humain a misé sur ses jambes et bien d'autres moyens pour voyager, nous, les plantes, avons trouvé des solutions beaucoup plus efficaces. Nous avons choisi de faire voyager nos semences par les airs, les eaux et les animaux. Ainsi, bien avant que tu ailles vivre au Québec, bien avant l'ouverture des frontières, et avant même que l'espèce humaine commence à parcourir la Terre, les noix de coco maîtrisaient l'art des grands voyages. Elles savaient si bien s'intégrer dans une nouvelle terre que les déplacés comme toi devraient imiter leur exemple pour trouver le chemin d'épanouissement en terre étrangère.

« Du sommet d'un cocotier de bord de mer, une noix de coco pouvait, après une longue préparation, faire un plongeon dans l'océan, dériver sur des milliers de kilomètres et aller germer sur des terres lointaines. Une fois à destination, ces migrantes devaient s'ouvrir et s'enraciner dans cette terre d'accueil. Bien implanté, le jeune cocotier vivait des réserves nutritives blanches et laiteuses qu'il avait emportées de sa terre d'origine. Sauf que cette nourriture réconfortante et remplie de nostalgie ne durait pas longtemps. Rapidement, la plantule était obligée de s'adapter à ce que sa nouvelle terre lui offrait. En passant, un cocotier a une longévité de 75 à 80 ans, comme un être humain.

« Si les noix de coco sont d'excellentes immigrantes, mon fils, c'est aussi parce qu'elles voyagent léger. Immigrer est plus facile lorsqu'on n'est pas trop lourdement chargé. Pour ménager la sensibilité de ceux qui nous accueillent et pour faciliter notre intégration dans une nouvelle culture, il y a des bagages qu'il faut laisser à la maison et, une fois à destination, d'autres qui doivent rester dans nos valises. Si les noix de coco n'avaient pas opté pour cette légèreté, elles ne pourraient pas flotter sur de si longues distances. Être trop chargé est un facteur de ralentissement sur la route qui mène à nos rêves d'expatriés. Ça, les noix de coco le savaient bien avant les immigrants ! Tous les volontaires au grand voyage gagneraient donc à poser des questions à un cocotier avant de quitter leur pays.

« Pendant que les cocotiers choisissent les vagues maritimes pour se déplacer, le pissenlit mise sur des petits parachutes plumeux qui permettent aux graines de profiter du vent et d'aller pousser à une dizaine de kilomètres de la plante mère. Ils mettent même les enfants humains à contribution, car vos bambins ne peuvent résister à l'idée de souffler sur leur parasol, au grand bonheur de l'espèce qui cherche à envahir la planète, un souhait qui a d'ailleurs été exaucé grâce aux pérégrinations de votre espèce.

« Après les oiseaux, les humains ont contribué énormément à la dissémination intercontinentale de la végétation. Pour s'en convaincre, il suffit de se rappeler combien la découverte de l'Amérique a bouleversé l'écologie végétale du monde. Grâce aux conquistadors et autres voyageurs, des plantes endémiques de l'Amérique – comme la tomate, le tabac, la pomme de terre, le piment et bien d'autres – se sont retrouvées aux quatre coins de la Terre. C'est ainsi que l'arachide, le maïs et la tomate sont arrivés dans cette savane. Je vois encore les premières tentatives d'enracinement de ces immigrants de longue date dans cette terre qui leur était totalement inconnue, ces plantes que vous remerciez aujourd'hui pour leur importance dans votre vie.

« Quand tu étais adolescent, Boucar, ton père perpétuait une tradition plusieurs fois séculaire dans ces baobabs. À chaque début de saison des pluies, que vous appelez aussi l'hivernage, il faisait des offrandes, ici même où tu te trouves. Je me souviens : il arrivait tôt le matin avec une calebasse remplie de lait et, après avoir remercié l'âme des ancêtres qui ont défriché cette terre, il terminait ses prières en versant la moitié du liquide sur mon tronc et l'autre moitié sur la terre. C'était la façon traditionnelle de témoigner de la reconnaissance aux deux acteurs de premier plan qui font cette humanité, dont la compréhension te tracasse depuis toujours. Ton père et ton grand-père voyaient en ces plantes vertes des créateurs et les remerciaient pour leur importance dans leur vie.

« Étant donné, mon fils, que tu as passé beaucoup de temps à étudier les sciences de la nature à l'ombre de mes ramages, tu dois savoir qu'entre acquérir des connaissances et pouvoir les assembler pour comprendre la vie, il y a une frontière parfois difficile à franchir pour ceux qu'un regard unidirectionnel a trop éloignés de la vraie nature des choses. Nous, les vieux baobabs, connaissons des secrets de l'existence dont vos amis scientifiques commencent tout juste à percevoir les premiers indices. Si les Kouss apparaissent dans votre tradition comme les dépositaires de la connaissance initiatique, c'est peut-être parce qu'ils ont toujours espionné nos conversations.

« Les arbres ont un cœur et du sang qui circule dans leurs veines. L'animal le plus grand de la savane africaine est la girafe, dont la tête culmine rarement à plus de cinq mètres. Et déjà à cette petite hauteur, mon fils, son cœur éprouve de la difficulté à propulser le sang jusqu'à sa tête. Pourtant, les baobabs n'éprouvent pas d'obstacles particuliers à convoyer la sève jusqu'à leur sommet. Certaines espèces végétales culminent même à plus de 100 mètres et n'éprouvent aucune contrainte majeure dans la circulation de leur sève en bas de 135 mètres. Sur nos feuilles, on trouve de petites bouches invisibles à l'œil que tu appelais dans tes livres des stomates et dont les degrés d'ouverture et de fermeture déterminent nos pertes d'eau par évapotranspiration. C'est un mécanisme comparable à la transpiration qui vous permet de vous débarrasser des excès de chaleur emmagasinés pendant une activité sportive. Plus nous ouvrons nos stomates, plus nous perdons de l'eau. Nous ne pouvons pas non plus fermer complètement nos stomates, car c'est par ces puits foliaires qu'entre aussi le carbone atmosphérique nécessaire à notre métabolisme.

« La vie d'une plante est donc une recherche constante d'équilibre entre la perte d'eau par transpiration et l'entrée du carbone nécessaire à ce travail que tu appelais la photosynthèse. C'est cette même recherche d'équilibre qui t'amène à t'accrocher à la tradition de tes ancêtres sans renoncer à la modernité ; cette même motivation qui te pousse parfois à te définir comme ce trait d'union qui unit l'Afrique à ton Québec d'adoption dans le mot Afro-Québécois. C'est aussi cet équilibre finement contrôlé qui amène des arbres comme nous, les baobabs, à survivre là où les grands caïlcédrats et les fromagers ont rendu l'âme.

« Quand la sécheresse se fait sentir dans le sol, nos racines avertissent nos feuilles de ne pas trop gaspiller. La fermeture partielle des stomates fait alors

La petite forêt de baobabs de la famille Diouf

basculer les plantes dans un mode d'économie d'eau. Dans nos régions de savane, bien des arbres doivent s'adapter à cette restriction aqueuse en sacrifiant leurs feuilles pour éviter la déshydratation.

«Mais revenons à ces célébrations que faisait ton grand-père et qu'on diabolise aujourd'hui pour leur symbolisme païen. On peut bien être à la modernité, mon fils, mais, pour qui veut saisir toute l'histoire, lire la page qui précède avant de parcourir celle qui suit reste le chemin le plus judicieux.

«Tes parents et tes grands-parents témoignaient un grand respect aux arbres. J'ai souvent entendu ton père adresser la parole à un jeune baobab ou à un jeune acacia dont il prenait soin – tiens, ça me fait penser à quelqu'un! Ton paternel désherbait autour de l'arbrisseau et installait un tuteur et une haie épineuse pour empêcher les chèvres d'entamer les parties vitales de son protégé. L'aménagement terminé, on l'entendait parfois conseiller à la plantule de s'accrocher encore pendant deux hivernages pour espérer devenir un adulte. Cette même connexion avec le monde végétal l'amenait aussi parfois à rabrouer un enfant qui jouait au singe dans les jeunes branches en ne lui disant rien de moins qu'il allait blesser l'arbre.

« J'ai la profonde certitude, mon fils, que vos anciens savaient par instinct que les plantes étaient douées d'une forme de sensibilité que la science commence seulement à élucider. Si ton grand-père prenait le temps de remercier les arbres avant la saison des pluies, c'est parce qu'il avait compris que les animaux doivent beaucoup aux plantes vertes. Quand je parle de plantes vertes, ici, je ne pense pas seulement aux grands arbres comme nous, les baobabs, je songe aussi à tous les végétaux chlorophylliens qui vous ont toujours donné sans compter. Je pense au mil, au sorgho, à l'arachide et à toutes ces espèces dont les semences dormaient dans vos greniers pendant la saison sèche. Je pense aux algues vertes qui, dans les mers, les lacs et les rivières de la Terre, servent de nourriture primordiale à toute la chaîne alimentaire marine, dont les poissons qui font parfois votre bonheur. Le très petit qui soutient le très grand, voilà ce qu'est une chaîne alimentaire. Malheureusement, le monde a toujours admiré l'éléphant et piétiné la souris. Bien des gens ignorent que la baleine doit sa grandeur à une algue verte invisible à l'œil nu tout comme le gros baobab descend d'un grain de pollen.

« L'humain est un simple consommateur et il doit reconnaissance aux plantes vertes qui, comme tu me l'avais appris, sont capables de fabriquer des molécules comestibles à partir du soleil, de l'eau, du CO_2 et des nutriments du sol. Cette incorporation du carbone dans les molécules organiques, grâce à la photosynthèse, bénéficie à tous les animaux. Les racines, les graines, les fruits, les légumes et les feuilles sont donc des cadeaux que la nature fait à l'humain par le travail des plantes. Même le mangeur de steak devrait, avant de remercier le bœuf, saluer le maïs et le fourrage qui ont engraissé l'animal. En plus de votre pitance, vous devez aussi votre souffle aux végétaux chlorophylliens, car nous produisons l'oxygène terrestre indispensable à la vie animale. C'est ainsi que, de sa racine à ses bourgeons, le baobab a toujours travaillé en silence pour le paysan de cette région, mais un peu moins que le saas, quand même.

« Comme tu le sais, mon fils, le saas, moins connu que le baobab, est un arbre assez répandu dans la savane sénégalaise et dont la nomenclature binomiale est *Faidherbia albida*. À cause des incommensurables services qu'il rend aux animaux et aux travailleurs de la terre, cet acacia est traditionnellement considéré comme un Arbre de vie. Évidemment, cet arbre de vie n'a pas grand-chose à voir avec celui qu'on trouve dans la religion des missionnaires. Cet acacia mystérieux était autrefois au centre de la cosmogonie des Sérères. Une vieille légende raconte que les femmes qui venaient d'accoucher lui présentaient leur poupon et les animaux vêlaient à l'ombre de cet arbre dont on disait favoriser la longévité. Encore aujourd'hui, on place des branches de cet arbre sous le lit des jeunes mariés pour augmenter leur fécondité et on en dépose dans les tombeaux pour agrémenter le passage de vos défunts dans l'autre monde.

« Au-delà du mystère, l'impact réel de cet acacia sur la vie humaine s'explique par son cycle de feuillaison, qui est à l'opposé de bien d'autres espèces partageant son terroir de savane. Le saas perd ses feuilles pendant la saison des pluies et verdit pendant la saison sèche, quand les contraintes d'économie d'eau ont forcé la grande majorité des végétaux de la savane à se dénuder. Cette particularité écologique faisait croire aux anciens que l'arbre était habité par une vitalité intérieure indépendante des eaux qui tombent du ciel, qu'il disposait miraculeusement de ressources aqueuses internes, gracieuseté du maître de la création. Quoi qu'il en soit, cette singularité biologique explique la préciosité de cette espèce pour les cultivateurs et les éleveurs du pays. Du fait de ce cycle de feuillaison inversé, le saas décuple la fertilité des sols pendant la saison des pluies grâce à son feuillage qui, en tombant, devient de l'humus, au grand bonheur des cultivars.

« Pendant la saison chaude, les animaux qui viennent se reposer à son ombre fertilisent le sol environnant avec leurs excréments. Son feuillage constitue un pâturage aérien très apprécié des mammifères domestiques quand la savane a perdu toute sa verdure. Ses fleurs sont aussi une bénédiction pour les abeilles, incapables de trouver d'autres sources de nectar. Finalement, les animaux comme les humains adorent ses gousses orange très nutritives.

« Je t'apprendrai sans doute quelque chose, mon fils, en te disant que dans votre pharmacopée traditionnelle, les vertus curatives du saas sont nombreuses. On l'utilise pour guérir les furoncles, la jaunisse, le rhumatisme, la constipation et certaines affections respiratoires. L'absence de feuilles sur l'arbre pendant la saison des pluies permet quant à elle de semer des plants jusqu'à proximité de son tronc, sans perdre le soleil. Ton grand-père professait que la présence de quelques arbres de cette espèce dans un champ pouvait décupler la récolte. Bref, cette plante était aux cultivateurs de cette région ce que la mère est à son bébé.

« Dans une de tes leçons, j'ai retenu que nous, les végétaux chlorophylliens, sommes sur cette planète depuis trois milliards d'années et que nous

« Le saas est un arbre assez répandu dans la savane sénégalaise.
Du fait des incommensurables services qu'il rend aux animaux
et aux travailleurs de la terre, cet acacia est traditionnellement
considéré comme un Arbre de vie. »

La saison des amours des cerisiers de Longueuil

avons commencé à conquérir la terre ferme il y a environ 450 millions d'années. Pour nous aventurer hors de l'eau, il nous a fallu développer des racines et nous agripper aux roches. Tu m'as appris que le système racinaire des arbres est considéré par certains de vos scientifiques comme l'équivalent du système nerveux des animaux. Un peu comme votre cerveau use de messages électriques pour faciliter votre adaptation aux changements environnementaux. La science commence à reconnaître que nous, les plantes, ne sommes pas statiques et qu'il existe une forme de sensibilité végétale. Nous entendons, conversons, collaborons, nous nous disputons et, souvent, nous livrons des batailles à des prédateurs qui nous veulent du mal.

« Nous, végétaux, avons inventé les balbutiements de ce que vous appelez la séduction. Le groupe des angiospermes, qui englobe les plantes qui se perpétuent avec des graines, a dû inventer les lits d'humus et les draps fleuris pour faciliter leur dissémination. Aujourd'hui, nous sommes des centaines de milliers d'espèces à user majoritairement du ménage à trois pour procréer. Les pétales et les sépales, aussi colorés que brillants, sont aux arbres ce que certaines lingeries sont aux parades nuptiales humaines. Nous avons créé d'envoûtantes fragrances florales et fournissons un irrésistible nectar pour les entremetteurs que sont les abeilles, les papillons, les moustiques, les colibris, les chauves-souris, etc. Les plantes rémunèrent ainsi les pollinisateurs pour le travail de butinage, indispensable à leur survie. Chez nous, les baobabs, ce sont les chauves-souris nectarivores, appelées les roussettes, qui assurent la fécondation des fleurs.

« Si vous, les humains, voulez savoir ce qu'est l'innovation et la créativité amoureuse, il vous faut absolument prendre le temps d'étudier les orchidées. Certaines espèces d'orchidées sont si fidèles aux insectes qu'avec le temps, leurs fleurs sont devenues des étuis qui épousent parfaitement la forme du corps de l'entremetteur. Cependant, au-delà du système de clé et de serrure qui facilite le transport des grains de pollen d'une fleur à l'autre, les orchidées ont développé des stratégies encore plus surprenantes.

« Les fleurs de l'ophrys-abeille (*Ophrys apifera*) ressemblent tellement aux abeilles femelles qu'il arrive que les mâles de la même espèce entrent dans des parades d'accouplement avec cette inflorescence. En se trompant ainsi de partenaire, ces prétendants mystifiés favorisent la fécondation de l'orchidée en transportant son pollen sur leur corps, pollen qui se retrouvera sur les parties femelles de la prochaine fleur qui leur tombera dans l'œil – avant de tomber enceinte !

« L'ophrys-araignée (*Ophrys sphegodes*) a trouvé une variante de cette méthode déjà géniale en leurrant des guêpes. Pour assurer la survie de leur progéniture, certaines guêpes solitaires ont l'habitude de paralyser des araignées et de pondre des œufs au milieu des proies bien anesthésiées, une façon de préparer des baluchons aux futurs petits. C'est à peine si les guêpes ne laissent pas dans cette pouponnière une note indiquant que maman n'est pas là, mais qu'après l'éclosion, tout est dans le garde-manger ! L'ophrys-araignée, qui a coévolué pendant des millions d'années avec cette espèce, a avec le temps copié cette particularité. Elle a adapté ses fleurs de façon à leur donner l'aspect des araignées que chassent les guêpes solitaires. L'objectif de cette supercherie évolutive est assez simple : amener les guêpes à se jeter sur leurs fleurs pour les paralyser. Les hyménoptères piqueurs, pas trop intelligents, tombent dans le panneau. En essayant de capturer ces proies faciles, ils transportent le pollen d'une fausse araignée florale à une autre, au grand bonheur de l'orchidée.

« Voilà comment ce phénomène, bien connu des arbres, que vous appelez la coévolution, peut parfois amener à croire qu'il existe une intelligence de la nature qui ne peut être que l'œuvre d'un Tout-Puissant. Et les créateurs de ce génie végétal sont principalement le temps, ce phénomène que ton ami Darwin a surnommé la sélection naturelle. *Dis-moi qui tu fréquentes et je te dirai à quoi tu pourrais ressembler dans des millions d'années*, résumeraient ces créateurs. C'est une sorte d'échange de compétences et de procédés qu'on pourrait presque assimiler à une tricherie interspécifique.

La part de la terre

« À ce stade de notre rencontre, j'ai presque envie de te dire, mon fils, que l'humain est un descendant des arbres. Si j'avais à te raconter son histoire, je le ferais à la façon des griots que nous portons en nous. Et je te dirais ceci :

« Il était une fois un animal très intelligent avec un gros cerveau, un bipède que vous appelez *Homo sapiens*, qui colonisa la planète et imposa sa suprématie incontestée sur le reste de la création. On croit qu'il est né d'un changement climatique survenu il y a environ trois millions d'années. Il s'agirait d'une sécheresse qui aurait entraîné la formation du rift africain et transformé la partie est de ce continent en savane. Dans cet environnement ouvert, la bipédie acquise aurait permis aux ancêtres lointains de votre espèce de voir plus loin et de courir plus vite pour échapper à leurs prédateurs. De ce lieu de naissance partiront aussi les premiers conquérants de cette espèce, qui se répandront sur le reste de la planète. En progressant, ces premiers immigrants auraient massacré beaucoup d'autres espèces animales sur leur passage. Sans compétiteur, *Homo sapiens* a proliféré et s'est hissé au sommet de l'arbre du monde animal. Il a conquis tous les recoins de la Terre, décrypté bien des lois de la nature et s'est approprié la biosphère. Avec un cerveau d'une complexité inextricable, il a développé une culture, une technologie et un système de transmission des connaissances unique. Il a aussi inventé une industrie dont les rejets amènent aujourd'hui une foule de scientifiques à hisser le drapeau rouge d'un dérèglement climatique d'origine anthropique majeur. Ce crachat envoyé dans l'air risque d'emporter le cracheur en retombant, ce qui serait la chronique d'une existence qui a commencé et s'est terminée par un bouleversement climatique.

« L'humain est un singe particulier et nous, les arbres, avons toujours nourri les singes de nos fruits qui sont justement appelés des pains de singe chez les baobabs. Nous avons aussi soigné et protégé ce bébé de ses prédateurs avant de le voir grandir et de le voir développer les incroyables capacités qui l'ont amené, en si peu de temps, à prendre le contrôle de

Les fruits des baobabs, appelés « pains de singe »

la Terre. Comme le disait un ancien, nous, les arbres, avons fourni le manche à une hache nommée *Homo sapiens*, et cette hache se prépare maintenant à nous abattre.

« Dans les rituels sacrificiels de ta famille, il y avait toujours une part réservée à la terre, et je dois te parler de cette autre vérité pour compléter mon histoire. La dernière fois que ton père est venu me voir, il clopinait en s'appuyant sur une canne de bois. Il se déplaçait difficilement à cause, comme tu le sais, de cette bactérie qui l'a privé d'un pied. Ce fut un grand drame pour notre espèce, car depuis que ton paternel est cloué à la maison, aucun jeune baobab ne s'est enraciné sur cette terre.

« Ton père était un planteur d'arbres et un soigneur de baobabs. Il était le vieillard dans ce conte que disait parfois ton grand-père pour enseigner le respect de la nature aux plus jeunes. Je parle de ce patriarche de 90 ans à qui son petit-fils demanda un jour pourquoi il plantait un arbre dont il était certain de ne jamais profiter des fruits et qui répondit : *Je ne plante pas cet arbre pour moi, je le plante pour les générations qui continueront à vivre sur cette terre dans cent ans. Les arbres qui nous nourrissent aujourd'hui n'ont-ils pas été plantés par nos ancêtres ? Maintenant que nous avons bénéficié de la géné-*

rosité de ceux qui nous ont précédés, nous devons faire la même chose pour les prochaines générations. Je soigne ce baobab pour que tes enfants et tes petits-enfants puissent en profiter et me remercier d'avoir pensé à eux, tout comme nous remercions aujourd'hui ceux qui ont planté ces grands arbres dans notre village.

« La dernière fois que ton père est venu ici, il maudissait la bactérie responsable de sa condition physique, elle qui l'empêchait de travailler dans ses champs. Il a fallu lui rappeler que le bon et le méchant étaient les deux faces de la même pièce ; lui raconter que les microbes, dont les bactéries, pouvaient être des ennemis des humains, mais aussi de fidèles et efficaces créateurs ; lui expliquer que les arachides qu'il a cultivées toute sa vie devaient leur épanouissement à des bactéries cachées dans leurs systèmes racinaires. C'est grâce au travail acharné de ces microbes alliés que la terre lui a souvent donné de belles récoltes, lui ai-je dit.

« Je lui ai rappelé que les microbes étaient le moteur de la vie, y compris celle des vaches qui sont au centre de son existence depuis 70 années. Incapables de digérer certaines composantes du foin, les bovins confient ce travail à des microbes amis bien installés dans leur rumen. Pour ce faire, les bovidés ont construit un énorme estomac pouvant contenir plus d'une centaine de litres de nourriture. C'est une sorte de maison d'hébergement pour ces sous-traitants et alliés de longue date des vaches. J'ai fait comprendre à ton père que le lait, cet aliment si sacré à ses yeux, est en partie une gracieuseté des bactéries qui, bien avant les végétaux, sont les véritables maîtres d'œuvre de la biodiversité planétaire, ces mêmes bactéries dont une représentante moins sympathique à l'humain l'a privé d'un pied. Ne trouves-tu pas rigolo, Boucar, que je transmette au père, des années plus tard, les enseignements de son propre fils ? Quand vous vous parlez, comme ça, à travers moi, je me sens comme un poteau de téléphone !

« Si les plantes vertes vous nourrissent, elles dépendent à leur tour du travail des microbes, qui eux dégradent en grande partie les végétaux et les animaux morts pour mettre leurs composantes élémentaires à la disposition d'autres végétaux. Tes ancêtres avaient intuitivement compris l'importance des micro-organismes du sol dans leur vie. D'ailleurs, j'ai souvent entendu ta grand-mère dire, à juste raison, que ce qui fait la grandeur d'un arbre est à son pied. On pourrait extrapoler cette sagesse en affirmant que la source de la vie sur Terre est invisible à l'œil nu. C'est pour cette raison que les anciens réservaient une bonne partie de leur offrande lactée à la terre, qu'ils élevaient au rang de divinité.

«La religion des missionnaires a une histoire de la création et une définition du Tout-Puissant qui correspond grandement aux microbes et principalement aux bactéries. Il est surprenant, mon fils, de constater à quel point l'infiniment petit est dépositaire de bien des caractéristiques qu'on attribue à ce créateur qu'ils disent infiniment grand. Chez les bactéries, le mode de reproduction par division en deux entités identiques est la première ressemblance avec le Tout-Puissant. Le Père qui se confond avec le Fils est une possibilité qui s'applique parfaitement aux bactéries, lesquelles se perpétuent par clonage. La punition et la récompense sont aussi très bactériennes. Ainsi, la consommation des produits laitiers avariés est un péché dont l'expiation prescrite par les microbes comprend une diarrhée, de la fièvre et un alitement de quelques jours. Mais vous devez aussi en grande partie aux infiniment bons microbes ces délices que sont le yaourt et le fromage.

«Si ce grand Dieu est partout, les bactéries le sont presque autant. Nous, les baobabs, nous les voyons dans l'air, dans l'eau, dans le sol, dans les profondeurs de la Terre, et elles survivent à des conditions bien incompatibles avec la vie humaine. Si ce créateur est lumière, certains microbes peuvent aussi s'improviser maîtres de l'éclairage grâce aux mêmes réactions chimiques qui se cachent derrière le secret des lucioles. Certaines bactéries sont aussi capables de rester sous forme de spores ; un état de vie ralentie qui leur permet de défier la mort pendant des millions d'années. De ce fait, si elles ne sont pas devant l'Éternel, elles le talonnent certainement à la deuxième position en matière de longévité, d'omniprésence et de créativité. Je me dois de te raconter leur très vieille histoire, celle qui remonte à la jeunesse de la Terre.

« Les plus vieilles traces de l'existence des bactéries remonteraient à 3,45 milliards d'années. De ces formes premières de bactéries apparurent celles qui, il y a trois milliards d'années, inventaient la photosynthèse, ce processus physiologique qui permet aux plantes vertes que nous sommes de fabriquer des molécules organiques qui nourrissent les animaux, dont les humains. Eh bien !, cette photosynthèse, qui consomme du gaz carbonique et rejette de l'oxygène, engendrera l'atmosphère terrestre propice à la vie animale. Pour compléter leur œuvre, les bactéries ont permis aux animaux et aux plantes d'utiliser cette molécule d'oxygène pour produire de l'énergie nécessaire à leurs activités physiologiques.

« Les bactéries sont des ancêtres de toutes les autres formes de vie sur Terre et elles rivalisent très sérieusement avec la force céleste pour ce qui est du titre de Grand Créateur. Elles portent peut-être même la réponse à cette grande question existentielle sur l'origine de la vie qui, depuis trop longtemps, oppose la science aux religions monothéistes. En effet, il y a une façon bien simple d'arrimer les deux visions antipodiques que sont le créationnisme et l'évolutionnisme, une manière de régler cette interminable polémique qui te préoccupe grandement, mon fils. Il suffit d'accepter que les bactéries soient les ambassadrices et représentantes directes de l'Éternel sur la planète bleue! Si Dieu avait créé une bactérie à son image et, dans cette grande entreprise de peuplement de la Terre, il en avait fait son ingénieure en chef, c'est peut-être là une idée que vous, les scientifiques, devriez envisager pour réconcilier votre ami Darwin avec les livres saints.

« Sache aussi, mon fils, qu'il est très difficile de refuser la paternité de cette ingénieure bactérienne sur la création parce qu'elle y a apposé des signatures encore bien perceptibles dans ses œuvres. Toute la biodiversité porte les empreintes des contributions substantielles des bactéries. Ainsi, plus qu'un simple individu, un être humain est un composite qui transporte avec lui beaucoup de microbes. Pour chaque cellule de votre corps, il y a une centaine de bactéries; elles représentent d'ailleurs de 1,5 kilogramme à 2 kilogrammes pour un individu de taille moyenne, un poids comparable à celui de votre cerveau. Et ces colocataires incontournables remplissent des milliers de fonctions dans votre organisme, si bien qu'en plus de leur patrimoine génétique, vos enfants viennent au monde avec leur héritage microbien, légué par la mère.

«Dans votre côlon, les bactéries vous aident à digérer et à extraire l'énergie des aliments et elles participent à la synthèse d'une multitude de vitamines qui vous sont indispensables. Leur rôle est si important dans votre vie qu'avoir un bon patrimoine bactérien est tout aussi gage de santé qu'hériter d'une bonne combinaison génétique. Sans ces associées qui vivent en symbiose avec vous depuis toujours, aucun humain ne peut survivre longtemps.

«Depuis trois milliards d'années, mon fils, la vie est une interaction et un ajustement entre la Terre et les bactéries, ces efficaces et polyvalents créateurs. Dans cet ancien dialogue, chaque fois qu'un animal ou un végétal a manqué d'outillages et d'expertise pour le métabolisme d'un composé particulier, il a fait de la place à un microbe, qui commence par être un sous-traitant avant de devenir un véritable partenaire. C'est de cette façon que chaque humain est devenu une société dont ces microbes sont les actionnaires majoritaires.

« Leur omniprésence dans la création m'amène parfois à penser l'évolution du vivant comme une longue promenade jalonnée de rencontres avec des microbes, dont certains sont devenus des amis et d'autres des ennemis. Pourtant, malgré tous les services rendus par cette force invisible, vos anti-biotiques ne font pas toujours la différence entre les bonnes et les mauvaises bactéries. Quelques milliers d'années auront suffi à *Homo sapiens* pour éroder profondément cet équilibre sacré et précaire qui vous lie à ce monde invisible et qui a mis si longtemps à se construire. Mais qui, de l'humain ou des bactéries, risque un jour d'être emporté par ces bouleversements d'origine anthropique ? Les paris sont ouverts ! Si tu dois miser, mon fils, je te conseille de mettre ton argent sur les bactéries. Après tout, leurs capacités adaptatives surpassent de loin les vôtres.

« Pour chaque environnement extrême, il y a au moins une espèce bactérienne capable de survivre. Si, par exemple, l'oxygène de la Terre disparaissait à cause de la déforestation ou de la désertification des océans, beaucoup d'espèces bactériennes seraient capables de vivre dans des conditions totalement anaérobiques. Si le réchauffement climatique vous terrorise, tu m'as appris que dans les sources chaudes des fonds océaniques, où les températures dépassent parfois les 100 °C, on trouve des bactéries. Si l'aventure terrestre devait se terminer par des pluies très acides, il existe des bactéries capables de supporter des acidités extrêmes. Et si le manque d'eau devenait un problème pour l'humanité, on trouve des bactéries en abondance dans les déserts les plus secs de la planète, dont celui du Sahara qui amène l'harmattan, ce vent tant redouté par les feuillus de cette savane.

« Non contentes de pouvoir s'épanouir dans tous les environnements, lorsqu'une catastrophe se pointe aux abords de leur colonie, les bactéries peuvent sporuler et rester en état de vie ralentie en attendant le retour du beau temps. Même que, dans certains cas, cette léthargie peut durer des millions d'années.

« Les bactéries ont façonné la Terre, mon fils, et elles resteront là quand l'humain ne sera plus qu'un lointain souvenir enfoui dans les sédiments. Et heureusement d'ailleurs. Car, après tout, il faudra bien des ouvriers pour recycler l'humanité et retourner les atomes et les molécules qui la composent aux plantes vertes, elles qui en sont les véritables dépositaires.

« Il m'arrive même de croire comme certains de vos penseurs, mon fils, que les bactéries avaient un plan en investissant majoritairement dans le projet *Homo sapiens*. Elles voyaient probablement en ce bipède une efficace occasion d'explorer la planète sans se fatiguer. Depuis toujours, la stratégie de ces ingénieures est la même : utiliser les incroyables capacités du cerveau humain pour progresser. C'est une stratégie que vos scientifiques et passionnés de vie extraterrestre semblent d'ailleurs avoir comprise depuis longtemps. Quand ils cherchent de la vie sur d'autres planètes, ces scientifiques ne traquent pas les êtres monstrueux avec une grosse tête que votre imaginaire tient du cinéma ; ils cherchent plutôt des bactéries parce qu'ils sont conscients à bien des égards de leur indiscutable supériorité sur l'espèce humaine malgré le pouvoir surestimé de votre gros cerveau.

« Maintenant que l'humanité a achevé la mondialisation des microbes, les bactéries suivent leur plan et lorgnent beaucoup plus loin. S'il est vrai que les sondes que vous avez envoyées sur Mars ont atterri sur la planète rouge avec ces explorateurs invisibles, la conquête microbienne de cette planète est peut-être déjà en marche.

« Voilà aussi pourquoi vos ancêtres sérères hono-
raient ces habitants invisibles de la Terre à qui nous
devons beaucoup. En consacrant une part de leurs
offrandes lactées au sol, ils saluaient cette solidarité
interspécifique, remerciaient les microbes avec lesquels tout a commencé et célébraient ce lien sacré
qui tricote la création à tous les niveaux. Bien avant
que des scientifiques le pensent, vos ancêtres
voyaient la Terre comme un être vivant bien com-
plexe dans lequel les bactéries représentent un or-
gane aussi vital que le cerveau pour un être humain.

« Les habitants de cette savane récitaient traditionnellement des prières sur une poignée de terre
déposée dans la paume de leur main. C'était une
façon de murmurer leur reconnaissance à leurs
amis invisibles. Te souviens-tu, mon fils, de cette
prière que ton grand-père recommandait de faire
une fois qu'on a débarqué sur une terre étrangère ?
Il suggérait de déposer sur la langue une petite
pincée de terre locale et de dire : *Je vous salue respec-
tueusement et j'implore un pacte de non-agression,
car je suis venu en paix !* C'était, disait-il, une façon
de s'attirer la clémence et la protection de cette nouvelle contrée et d'éviter d'en être la proie.

« Je te sais avoir fait cette prière en 1991 quand tu es
venu m'annoncer ton départ pour le Québec. Un
quart de siècle plus tard, cette nouvelle terre s'est

toujours montrée généreuse et clémente avec toi. Évidemment, comme tu es un homme de science, tu peux décider qu'il n'y a aucun lien entre ton bien-être au Québec et ce serment de respect et d'amour fait quelques heures après ta descente d'avion. Mais tu dois savoir aussi, mon fils, que la science a beau expliquer les lois de l'univers, elle ne pourra jamais répondre au véritable mystère de son origine et de son sens. Il y a des énigmes de notre existence qu'aucune démonstration rationnelle ne pourra élucider, car la connaissance a des racines plus profondes que votre science qui, elle, est beaucoup trop jeune pour prétendre à la sagesse.

« L'arbre de la connaissance est comme un manguier dont le système racinaire est la partie fondamentale. C'est en effet de cette invisible et discrète fabrique souterraine que s'écoule la sève nourricière qui permet indirectement aux fruits de se gorger de sucre, au grand bonheur des mangeurs de mangues. Fort de ce modèle, le chercheur des temps modernes, même les yeux rivés sur une minuscule fleur dont il veut élucider le secret, gagne à développer une vision périphérique, à explorer les liens qui unissent une branche au reste de l'arbre et même à descendre plus profondément dans la Terre pour s'inspirer des connaissances traditionnelles et de la sagesse des pionniers des sciences nouvelles et anciennes qui vous ont généreusement ouvert le chemin. Il y avait dans cette célébration lactée de tes ancêtres une part pour la Terre et une autre pour les arbres, ce qui symbolisait ce remerciement et cette reconnaissance qu'on doit à tout le village quand on a reçu un cadeau d'un donneur anonyme.

«Ta mère racontait une jolie histoire sur le sujet, il me semble. Oui, je me rappelle. Une grand-maman, disait-elle, fit venir son petit-fils de quatorze ans dans sa chambre, lui remit un sac de grains et lui demanda de filer dans la pénombre le déposer devant la maison des voisins, eux qui avaient de la difficulté à joindre les deux bouts. Pas chaud à l'idée d'apporter le cadeau en pleine nuit, le garçon ne tarda pas à proposer à sa grand-mère de faire la livraison le lendemain dès le lever du soleil. L'aïeule refusa cette possibilité en expliquant au garçon que le village suit cette tradition du don anonyme depuis des temps immémoriaux. *Celui qui prête assistance à une famille dans le besoin doit attendre la nuit et déposer ce qu'il peut devant leur porte*, dit-elle. En se levant, les indigents prennent le contenu du sac, mais ignorent l'identité de leur bienfaiteur. Ainsi, chaque personne rencontrée le lendemain sur leur chemin devient possiblement ce donateur. *C'est de cette façon qu'on tisse des liens et qu'on cultive la solidarité sans enlever aux moins chanceux leur dignité, conclut la vieille dame avant de demander à son petit-fils de surmonter sa peur de la pénombre et d'exécuter ce geste de solidarité.*

« La solidarité, mon fils. Voilà le secret de la durabilité à tous les niveaux de la création. Voilà aussi l'ingrédient qui soudait les habitants de cette savane avant que la modernité n'y installe progressivement ce cannibalisme social qui transforme l'humain en une hyène pour son prochain. Je t'ai souvent observé, enfant, toi qui grimpais avec tes amis dans le vieux manguier. C'était une compétition où celui qui arrivait le plus rapidement au sommet était consacré. Certains d'entre vous usaient alors de bien des tricheries pour accéder au podium. Je ne savais pas alors que vous reproduisiez presque fidèlement ce que vos sociétés sont devenues. Quand je regarde vos communautés, je vois des êtres qui se bousculent pour monter sur le même grand arbre fruitier.

« Je vois une course effrénée où tout le monde essaie de prendre de l'altitude pour récolter non seulement sa part, mais aussi celle des autres. Pendant qu'une minorité campe au sommet, d'autres s'activent sur les branches, à différentes élévations de la frondaison, et des moins chanceux se traînent les pieds sur terre ou essaient de trouver une prise pour espérer, peut-être, prendre un peu de hauteur. En attendant, ces moins fortunés se contentent de ramasser les quelques fruits qui tombent du haut pendant que ceux qui ont les yeux plus grands que la panse, ceux qui confondent les besoins du corps humain et les insatiables demandes, exigences et fantasmes super-flus de l'esprit, eh bien ceux-là, ils engrangent des fruits plus qu'ils ne peuvent en consommer. Tout comme il existe dans la nature des papillons qui boivent les larmes des tortues pour leur goût salé, dans vos sociétés dites modernes, c'est souvent avec les larmes des ouvriers que les grands de ce monde remplissent leurs piscines.

« Et pour protéger leurs privilèges, ces plus chanceux n'hésitent pas non plus à donner des coups de pied pour faire perdre prise à ceux qui les approchent. Or, que l'on soit en bas, au milieu ou au sommet de l'arbre, il est absolument nécessaire de s'agripper solidement parce que ce ne sont pas les ennemis pour nous attraper et nous tirer vers le bas qui manquent. Ce comportement faisait dire ironique-ment à ton grand-père que si le pouvoir et l'argent poussaient au sommet des arbres, certaines per-sonnes n'hésiteraient pas à épouser des singes ! Seulement, à force de se faire secouer, arracher des branches et abîmer les parties vitales, cet unique arbre, qui a toujours généreusement donné sans compter, commence à perdre de son lustre, de sa productivité et de son homéostasie.

« Cette humanité qui te préoccupe, mon fils, sera victime de l'éternelle insatisfaction qui lui a permis de se hisser au sommet de la création et de s'approprier à elle seule plus du quart des produits de la photosynthèse des plantes. L'insatisfaction a poussé vos ancêtres lointains à se dépasser continuellement. Quand ils construisaient une hutte, le lendemain ils rêvaient déjà d'une case plus fonctionnelle, plus spacieuse. Bref, ils pensaient à toutes ces petites découvertes qui vous ont amenés aujourd'hui à vivre dans ces maisons confortables que vous cherchez encore à améliorer. Le même patrimoine biologique expliquerait encore aujourd'hui que la nouvelle voiture vous procure une dose de satisfaction, jusqu'à ce que votre corps craque devant un modèle plus prestigieux. Une maison plus grande, une célébrité croissante, de l'argent à jeter par les fenêtres, peu importe le symbole de réussite sociale, le corps humain est programmé pour s'emmerder un jour et réclamer du changement.

« Selon certains de vos penseurs, cette recherche constante de nouveautés serait en partie responsable du développement considérable de vos capacités cognitives. Or, ce qui était hier un avantage est devenu

un oiseau de malheur dans vos sociétés de consommation. Comment en effet accéder à cette félicité
tant convoitée quand, en plus d'être flanqués d'une
insatisfaction chronique, vous vivez dans des systèmes vous rappelant continuellement que votre
bonheur dépend de votre pouvoir d'achat ? À peine
avez-vous glissé les clés de la nouvelle maison tant
désirée dans votre poche que votre être, assoiffé de
changement, pense déjà à des rénovations, à de
nouveaux meubles, voire à une deuxième résidence.
C'est ainsi qu'à l'échelle mondiale, une personne
sur cent a réussi à mettre la main sur la moitié des
richesses, et ce, sans être rassasiée. Des gens sont
encore prêts à raser des forêts anciennes et à polluer
des rivières et des océans pour engranger d'autres
milliards et laisser, après leur court passage sur la
Terre, des problèmes presque insolubles aux générations futures. Si l'humain est un éternel insatisfait,
c'est parce qu'il est fréquent de chercher le bonheur
sans le trouver, de le trouver sans le reconnaître et
de le reconnaître sans être capable de le retenir.

« Pourtant, mon fils, au-delà de la compétition,
l'altruisme et la collaboration peuvent aussi être
les moteurs d'un remarquable succès évolutif, et ça,
vous, les scientifiques de la nature, avez pris bien du
temps à le comprendre à cause de votre obsession

manifeste pour le combat et la compétition omni-présente dans votre biologie de l'évolution.

« Pendant longtemps, vous avez imaginé le monde comme un énorme champ de bataille où les plus forts s'imposaient et où les plus faibles étaient condamnés à la disparition, parce qu'incapables de se reproduire. Suivant ce modèle, les grands arbres devaient se déployer en forêt et empêcher les plus petits de voir la lumière du soleil. Or, cette loi de la jungle, où bagarres et courses incessantes dictent la survie à long terme, eh bien !, elle commence à perdre en prestige. Il est légitime de croire, mon fils, que ce côté de la vie existe, mais il est depuis toujours jumelé à une autre façon de faire tout aussi perti-nente et durable, qui implique la collaboration à tous les niveaux de la création.

« Le succès des plantes repose, par exemple, sur une alliance avec les champignons microscopiques et les bactéries du sol, lesquels colonisent leurs racines et facilitent l'élaboration et le transport de la sève qui est notre sang. Les arachides et les haricots qui ont toujours nourri ta famille sont des légumi-neuses, et ces cultivars, comme tous les membres de leur grande famille, hébergent des bactéries amies, baptisées rhizobiums, qui les aident à fabriquer de la nourriture pour vos familles. Malheureusement, vous oubliez souvent que ce sont les réserves alimentaires qui revenaient aux plantules et descendances de ces plantes que vous mangez. L'arachide entrepose une collation dans sa graine pour alimenter la croissance de son futur germe et le Sérère réquisitionne et stocke ce repas dans son grenier pour la survie de ses propres enfants. La vie est ainsi faite. Ce que mange le poisson est souvent bénéfique aux petits du crocodile. Pourtant, celui qui déguste un œuf devrait parfois remercier la poule et se rappeler que le jaune c'était la partie préférée du poussin en devenir.

« Au-delà de la compétition, la vie est aussi une terre d'alliance, de coopération et de gratitude mutuelle. En plus de ces micro-organismes amis, les plantes travaillent de concert avec des insectes ou des animaux qui se chargent de la pollinisation ou de la dispersion de leurs graines. Les lichens qu'on trouve sur les troncs de certains grands arbres sont un autre exemple bien vivant de ce succès dans la coopération. Un lichen est un organisme pluriel parce qu'il est le fruit d'une association entre un champignon et une algue. Cette collaboration permet aux deux partenaires une performance et des capacités autrement impossibles s'ils travaillaient en solitaire. L'algue, qui est capable de faire de la photosynthèse, fabrique des sucres pour le champignon qui, à son tour, la protège contre le dessèchement et facilite sa fixation sur les roches. Si on regarde du côté de la mer, d'où vient une partie de la nourriture humaine, le corail, qui fait la richesse de plusieurs environnements aquatiques, est aussi le résultat d'une association symbiotique entre un animal appelé un polype et une algue appelée xanthelle.

« Nombreux sont les exemples pour nous rappeler que la vie est bien plus durable dans la solidarité que dans la concurrence, cette course folle qui mène votre espèce vers un précipice. À défaut de marcher ou de galoper, prendre le temps de trotter peut être une façon de créer de la richesse sans compromettre cet équilibre sacré qui entretient la vie sur cette petite planète. Trotter pour accommoder les plus vieux, ou ceux qui sont ralentis par de lourds héritages de la vie. Trotter pour éviter cette course à haute vitesse qui n'enrichit qu'un insatiable et minuscule peloton de tête. Bref, il faut ralentir, mon fils. Parce que si le lièvre atteint rapidement sa destination, la tortue aussi finit par arriver. Et qui du lièvre ou de la tortue vit le plus longtemps ? Le lièvre a une espérance de vie avoisinant les cinq ans alors que certaines tortues en vivent 200. Ce que je veux dire, mon fils, c'est qu'entre la vélocité du lièvre et la lenteur de la tortue, il y a cette marche rapide qui symbolise le développement durable et cette indispensable solidarité avec ceux qui vont continuer à vivre à l'ombre de nos feuillages longtemps après votre passage.

« Ta grand-mère, très avant-gardiste, enseignait que vouloir atteindre le bonheur par la seule course à la possession équivalait à essayer d'éteindre un feu avec de la paille sèche. Le bonheur acheté, disait-elle, est souvent aussi volatil qu'un pet de lièvre dans une savane ouverte ! C'est pour ça que lorsqu'un enfant venait au monde dans son village, plus que la richesse et le succès, elle lui souhaitait de la santé et de la compassion pour ses semblables. Le bonheur, disait-elle encore, arrive par la famille, les amis et les autres auxquels on tend la main pour partager des avoirs, des joies et des larmes. Je te souhaite donc, mon fils, de toujours garder cette main tendue qui transforme tout humain en un remède pour son prochain et de cultiver chez tes enfants leur capacité d'émerveillement devant cette création qui te passionne depuis l'enfance.

« En vieillissant dans ton pays de froid, je sais la nostalgie prendre de plus en plus de place dans ton cœur, mais tu dois savoir que quitter son pays pour trouver de quoi manger à sa famille est une noble entreprise, une façon d'illuminer de ses rayons ceux qui se sentent parfois délaissés par la lumière. Un peu comme le soleil qui n'a jamais cessé de briller au-dessus d'un village parce qu'il est petit, tout privilégié par la vie le sera davantage en étant généreux avec les moins nantis. Vous, les expatriés, êtes le filet social sur lequel viennent s'accrocher ceux que la précarité a laissés à la merci des vents secs qui balayent ce pays. Malgré donc cette solitude qui ronge tous les déplacés de la Terre, la famille restée au pays a besoin de vous. Elle est un peu comme ces basses fougères que nous, les arbres, couvons pour les protéger du soleil, ou comme les lianes qui se cramponnent à nos branches pour s'élever vers la lumière.

« Mon fils, il y a quelques années, tu es venu ici me présenter ton garçon, mais je n'ai pas encore vu ta fille. J'ai hâte de rencontrer cette petite à qui tu as donné le prénom de ta maman. Et maintenant que tes enfants sont en âge de comprendre, je veux que tu leur racontes l'histoire de ton membre handicapé qui te faisait souvent pleurer dans ta jeunesse. Raconte-leur comment cette jambe que ton père disait mauvaise et presque maléfique est devenue le levier de ta vie !

« Bon retour dans ton pays de froid, mon fils ! »

Boucar Diouf dans son « pays de froid »

Remerciements

Je remercie ma conjointe Caroline Roy et mes deux enfants, Anthony et Joellie, pour l'inspiration et le bonheur incomparable qu'ils m'apportent. Je remercie aussi mes amis Mathieu Fournier, Louis-François Grenier, Christian Messier et Sophie Breton pour leurs commentaires. Enfin, je remercie les vaches, les chevaux, les moutons, les chèvres, les acacias, les baobabs et tous les autres êtres vivants de la Terre, incluant les bactéries et les virus dont je porte fièrement les traces dans les cellules.